앞선 부모가 키워 주는

우리 아이
부자 습관

꿈틀

앞선 부모가 키워 주는

우리 아이
부자 습관

닐 S. 갓프리 지음 ★ 김시래 옮김

꿈틀

이 책을 내가 세상에서 가장 사랑하는 조웰 할머니에게 바칩니다.

그분은 내가 돈이 없어 수신자 부담 전화를 걸면 흔쾌히 받아 줍니다. 내 운세를 봐줄 때는 좋은 부분만 얘기해 줍니다. 내가 서명한 책을 자신의 친구들에게 자랑스럽게 나눠 주기도 합니다. 어쩌다 텔레비전에 내가 나오면 '날씬하고 총명하게 보이더라'고 칭찬해 줍니다.

저는 당신의 99세 생일을 진심으로 축하합니다. 조웰 할머니 감사합니다.

닐 S. 갓프리

최근의 세계 경제 변화는 우리의 다음 세대에게 돈에 대해 가르쳐야 한다는 것을 더욱 강조하고 있습니다. 우리 아이들은 우리로부터 이 세상을 물려받을 것이고, 지혜롭고 현명한 경제적 결정을 하기 위한 도움을 필요로 합니다.

부모로서 우리는 우리의 아이들에게 책임감 있는 선택을 하고, 그러한 선택에 따른 결과를 이해하는 것을 가르쳐야 합니다. 이 책은 당신이 아이들에게 돈에 대해 가르칠 때 필요한 여러 가지 다양한 정보를 제공할 것입니다.

아이들은 돈을 어떻게 쓰고, 어떻게 저금하며, 자신의 가치관에 따라 어떻게 분배하는지 배우게 될 것입니다. 그리고 아이들은 돈에 대해 지혜로운 태도를 가지고 성장하여 '돈은 결코 나무에서 저절로 열리지 않는다' 는 사실을 깨닫게 될 것입니다.

닐 S. 갓프리

내 아이를 '돈을 아는 아이'로 키울 것인가, '돈을 모르는 아이'로 키울 것인가

1990년 초 나는 이 책의 초고를 쓰고 있었다. 당시 나는 은행원이자 두 아이의 엄마였다. 나는 우리 애들을 잘 키울 욕심이 있었다. 그래서 유명하다는 스포크 박사와 브레이즐튼 박사 책뿐 아니라 다른 육아서도 거의 다 찾아봤다.

하지만 세상을 살아가는 데 가장 중요한 것이라고 믿고 있는 돈에 대한 조언은 어느 육아서에서도 찾아볼 수가 없었다. 그래서 아이들의 금융 교육에 관심을 두기 시작했다. 뉴욕에 있는 장난감 회사인 FAO 슈월츠가 만든 여성 은행의 첫 행장이 됐을 때는 어린이 은행을 만들기도 했다. 그 뒤 나는 은행 일을 떠나 어린이 금융 교육을 위한 회사를 만들어 새로운 나의 세계를 개척했다.

그런데 많은 아이들이 자기 인생에서 가장 중요한 돈에 대해 제대로 교육받지 못한 채 자라고 있다는 사실이 안

타까웠다.

세상에는 왜 금융 교육에 대한 책들이 없을까. 바로 어린이 금융 교육 전문가가 없기 때문이다. 이렇다 보니 부모들도 아이의 건강, 심리, 훈육 등 다른 것은 다 가르치면서도 금융 교육은 소홀했다.

우리는 어려서 금융 교육을 받지 못하고 자란 세대다. 엄마도 집안일을 잘 하는 주부인 도나 리드가 훌륭한 역할 모델이었다. 대부분의 엄마는 은행 근처에 가 보지도 못했다. 또한 아이들이 돈에 일찍 눈을 뜨면 좋지 않은 시각으로 바라보기도 했다. 한마디로 돈은 '악의 근원'이었던 셈이다.

하지만 세상은 변했다. 어려서부터 돈을 알지 못하면 커서도 복잡한 세상에서 낙오자가 될 수 밖에 없다.

따라서 나는 한 가정의 엄마이자 은행원으로서의 경험

들을 이 책에서 털어놓을 작정이다. 그 동안 나는 오프라 윈프리 쇼 등 여러 텔레비전 프로에서 금융 전문가로 활동하기도 했다. 이렇게 나온 초판은 많은 사람의 동감을 얻었다. 어린이 금융 교육에 대한 세상의 관심을 끌어냈고, 뉴욕타임즈가 소개한 베스트셀러가 되기도 했다.

그러나 갈 길은 아직도 멀다. 여전히 금융 교육을 소홀히 하고 있기 때문이다. 신용 카드 회사인 비자(VISA)의 조사에 따르면 미국 부모의 56%는 자녀가 고등 학교를 졸업했음에도 불구하고 돈에 대해서 아무 것도 모르는 이른바 '돈맹'이라고 생각하고 있는 것으로 나타났다. 또 부모의 78%는 고등 학생 자녀가 씀씀이에 대한 개념이 없다고 응답했다.

프리트보스톤의 설문 조사에서도 단지 26%의 부모만이 자녀에게 금융 교육을 시키는 것으로 나타났다. 또 부모로서 자녀에게 저축과 씀씀이에 대한 좋은 역할을 하고 있다고 응답한 사람은 절반에도 못 미친다.

왜 이런 결과가 나오는 것일까.

요즘 미국은 정부는 물론 개인들도 빚더미에 앉아 있다. 십대들조차 신용 카드 빚에 허덕이는 실정이다. 파산은 이제 국가적 관심사다.

이제 부모들도 자녀의 금융 교육에 관심을 기울이기 시작했다. 앞에서 언급한 비자의 조사에 따르면 부모의 30%는 고등 학교에서 금융 교육을 시켜 줬으면 좋겠다는 의견을 피력했다. 노스웨스턴 뮤츄얼펀드의 조사에서도 43%의 부모들이 학교에서 금융 교육을 강화해 주길 바랐다.

그러나 명심할 일이 있다. 모든 교육은 가정에서 시작된다는 사실이다. 아무튼 이런 금융 교육의 소홀로 우리는 점점 더 큰 위험에 직면하고 있다.

앨런 그린스펀 전 미 금융통화위원회 의장의 경고를 되새길 필요가 있다.

"18~24세 사이 젊은이 중 한 해 18만여 명이 파산을 선언한다."

"여성 네 명 중 한 명 꼴로 빈곤에 빠진다."

그런데 아이를 키워서 사회에 내보내는 데 드는 비용은 약 20만 달러에 이른다는 게 미 농무부의 최근 조사다(웹사이트 usda.gov/wps/portal/usda-home에서 최신 자료를 찾을 수 있다). 또 미네소타 대학도 아이를 키우는 데 드는 비용을 추산해 주고 있다(웹사이트 www.extention.umn.edu/distribution/businessmanagement/DF5899.html에서 찾을 수 있다).

우리는 흔히 금융이나 돈에 대해서 모르는 게 약이라고 말했다. 금융에 대해서 충분히 알 수도 없고 또 잘못 아는 게 많다며 두려워했다. 아이들은 가능하면 돈을 모르게 커야 한다고 말했다.

그렇다고 아이들에게 '돈맹'을 대물림시킬 건가. 아이들이 살아가야 할 내일의 세상은 금융적으로 지금보다 더 복잡하고 다양해질 수밖에 없다. 모기지, 학생 대부, 신용카드, 자동차 할부, 주식 포트폴리오…….

유치원에 다니는 아이에게 서둘러 돈과 그 가치에 대한 모든 것을 다 가르칠 필요는 없다. 하지만 가능하면 어려서부터 이런 것들을 가르쳐야 한다. 아이들은 주변 세상을 인지할 때부터 돈을 알기 시작한다. 따라서 아주 어려서부터 이런 교육을 시켜도 괜찮다. 돈은 가치를 측정한 단위다. 일의 가치와 시간의 가치를 돈으로 계산할 수 있는 것이다.

금융 교육을 장황한 것으로 생각하지 말아야 한다.

나는 이 책을 통해 부모들이 아이에게 재미있게 금융 교육을 시킬 수 있도록 했다. 은행 계좌 개설법에서부터 신용 카드 사용법, 주식을 사는 법 등을 망라했다. 하지만 가장 강조한 것은 부모들이 자녀들에게 세상에서 가장 가치 있는 금융 교육인 '자립'을 가르쳐 주길 바라는 마음이다.

닐 S. 갓프리

차 례 |

지은이의 말 |
내 아이를 '돈을 아는 아이'로 키울 것인가,
'돈을 모르는 아이'로 키울 것인가 6

제 1장 |
나는 소비형 인간일까 저축형 인간일까 14

제 2장 |
돈 관리법을 가르쳐야 하는 이유 22

제 3장 |
용돈은 몇 살 때부터 줘야 할까 40

제 4장 |
아이에게 예산 짜는 법도 가르쳐야 한다 58

제 5장 |
아이에게 은행을 어떻게 알려 줄까 74

제 6장 |
생활 속에서 가르치는 금융 교육 86

제 7장 |
세금같이 복잡한 것은 어떻게 설명해야 하는가 110

제 8장 |
10대들의 돈 관리 교육법 120

제 9장 |
부모가 자녀에게 꼭 말해 줘야 할 것들 146

제 10장 |
다 큰 자녀가 독립하지 못한 채 같이 살 때 166

맺음말 |
다양한 방법을 계속 동원해라 176

우리 아이가 꼭 알아야 할 경제 용어 | 182

1
나는 소비형 인간일까
저축형 인간일까

만약 당신이 소비형 인간이라면 자녀에게 충동을

억제할 줄 아는 인내심을 가르치고 싶어할 것이다.

그런데 당신의 자녀 역시 소비형 인간이라면 세상에서

가장 중요한 것은 돈이 아니라는 점을 강조해 줘야 한다.

당신은 저축형 인간인데 자녀는 소비형 인간이거나 그 반대라면

어떻게 해야 할까. 당신은 자녀들만큼은 자신을 닮지 않게

교육시키려고 애를 써야 한다.

나는 소비형 인간일까
저축형 인간일까

역사와 문학에서 인간과 돈에 얽힌 사연을 살펴보면 극과 극이다. 끝없이 탐욕스런 사람이 있는가 하면, 한없이 너그럽게 베푸는 사람이 있다.

사람들은 찰스 디킨스의 작품 『크리스마스 캐럴』에 나오는 스크루지를 인색하고 나쁜 영감이라고 머리에 떠올린다. 그리고 그리스 신화에 나오는 미다스 왕은 황금을 탐욕스럽게 좋아했다. 자신이 만지는 모든 것을 황금으로 바뀌도록 빌어 실제로 그렇게 됐다. 하지만 사랑하는 아내까지 황금으로 변하는 등 불행이 뒤따랐다. 또 1970년대 미국 텔레비전 드라마에 나온 주인공인 아치벙커는 착하지만 완고한 백인남성 노동자였다. 서양에서 동네 아이들에게 사탕과 초콜릿을 나눠 주는 풍습이 있는 할로윈 축제 때 그는 커튼을 내린 채 불을 꺼 매우 각박한 사람으로 비춰졌다.

반면 자신이 가지고 있는 돈을 다른 사람들을 위해 쓴 너그러운 인물도 찾아 볼 수 있다. 카네기와 록펠러, 밴더빌트가 대표적이다. 미국의 부호 카네기는 훌륭한 콘서트 홀을 지어 사회에 헌납했다. 또 록펠러는 자선 사업에 엄청난 돈을 기부했다. 1877년 사망 때 국가 예산보다 더 많은 재산이 있었다는 밴더빌트는 테네시 주 내슈빌에 멋진 대학을 지어 많은 사람들이 훌륭한 사람으로 기억하고 있다.

그러나 보통 사람들은 돈에 대해 이같이 극단적이지는 않다. 어떤 사람은 밴더빌트처럼 대학을 지을 만한 돈은 없지만, 힘닿는 만큼 학교 발전 기금으로 선뜻 돈을 내놓는다. 또 다른 사람은 카네기처럼 사회를 위해 콘서트 홀을 지어 후세에 이름을 남길 수는 없지만 자선 사업 기금으로 적지 않은 돈을 내놓기도 한다.

어쨌든 모든 인간은 돈에 대한 특별한 성향이 있다. 일반적으로 소비형 인간과 저축형 인간으로 구별된다. 아래의 간단한 테스트로 당신과 당신의 아이가 어떤 유형인지 파악해 볼 수 있다.

당신의 돈에 대한 성향 테스트

질문	예	아니오
1. 가끔 돈 걱정을 합니까?		
2. 당신은 신용 카드 한도액까지 다 쓰는 편입니까?		
3. 지금 정확히 얼마나 저축했는지 알고 있습니까?		
4. 당신은 월급만으로 생활을 꾸려 나갑니까?		
5. 뜻밖에 큰 돈이 생기면 당신은 그걸 모두 저축하시겠습니까?		
6. 당신 주변 사람들만큼은 살고 있다고 느낍니까?		
7. 노후에 궁핍하게 살 수도 있다는 걱정을 한 적이 있습니까?		
8. 쇼핑하다가 당신이 맘에 드는 물건을 충동적으로 산 적이 있습니까?		
9. 어떤 물건을 새로 살 때가 되지 않았느냐고 물었을 때 당신은 우선 '지금은 여유가 없어' 라고 대답합니까?		
10. 자신만을 위해 쇼핑한 적이 있습니까?		

점수 매기는 법 : 홀수 번호 질문에 '예'라고 많이 대답한 사람은 저축형 인간이다. 반면 짝수 번호 질문에 '예'라고 많이 대답한 사람은 소비형 인간이다. 예를 들어 1, 3, 5, 7, 9번 질문에서 '예'가 4개 나오고 2, 4, 6, 8, 10번 질문에서 '예'가 2개 나왔다면 당신은 저축형 인간이다.

문제는 당신의 이런 성향은 자녀에게도 영향을 준다. 아이에게 아래와 같은 테스트를 해 보자.

우리 아이의 돈에 대한 성향 테스트

질문	예	아니오
1. 아이가 용돈을 받으면 저축합니까?		
2. 아이가 가끔 돈을 잃어버리거나 어디에다 놓았는지 모르겠다며 허둥댑니까?		
3. 자기 돈은 움켜쥐고 조금이라도 쓰기를 싫어합니까?		
4. 쇼핑 갔을 때 아이가 이것저것 사 달라고 조릅니까?		
5. 아이가 통장에 돈이 불어나는 것을 보고 좋아합니까?		

6. '왜 이걸 사려고 하는데?' 라고 아이에게 물으면 '친구가 샀기 때문에' 혹은 '텔레비전에서 봤는데……' 라고 대답합니까?

7. 때때로 장난감을 사려고 돈을 모은 뒤 실제로는 사지 않기도 합니까?

8. 아이스크림이나 피자는 안 된다고 말하면 아이가 '그럼 내 돈으로 사면 안 돼?' 라고 물은 적이 있습니까?

9. 다 함께 쇼핑 갔다가 돌아왔을 때 아이의 주머니에 다 쓰지 않은 돈이 남아 있습니까?

10. 여행 갔을 때 친구들 선물을 꼭 사야 한다고 조릅니까?

점수 매기는 법 : 앞서 했던 테스트와 같은 방법으로 채점하면 된다.

이 테스트 결과를 보고 과민반응하지 않았으면 한다. 단지 돈에 대한 내 성향과 내 아이의 성향이 어떤지를 파악한 것으로 보면 된다. 소비형 인간으로 나왔다고 걱정할 필요도 없고, 저축형 인간으로 나왔다고 좋아할 일도 아니다.

더 중요한 것은 교육이다. 만약 당신이 저축형 인간이라면 본능적으로 자녀에게 저축의 중요성을 가르치고 싶어할 것이다. 그런데 당신의 아들 역시 저축형 인간이라면 세상에서 돈이 모든 행복을 가져다 주는 것이 아니라는 점을 강조해 줘야 한다.

만약 당신이 소비형 인간이라면 자녀에게 충동을 억제할 줄 아는 인내심을 가르치고 싶어할 것이다. 그런데 당신의 자녀 역시 소비형 인간이라면 세상에서 가장 중요한 것은 돈이 아니라는 점을 강조해 줘야 한다. 당신은 저축형 인간인데 자녀는 소비형 인간이거나 그 반대라면 어떻게 해야 할까. 당신은 자녀들만큼은 자신을 닮지 않게 교육시키려고 애를 써야 한다.

그런데 이 책에서 강조하는 가장 이상적인 성격은 중용이다. 돈을 잘 다룰 줄 알면서도 돈을 써야 할 때는 잘 쓸줄도 알아야 한다. 한마디로 '훈련된 저축형 인간'이 돼야 한다. 아이들에게 돈에 대한 철학을 가르치겠다며 회초리를 들 필요는 없다. 단지 자녀가 돈에 대한 잘못된 성향이 있으면 바른 길로 인도하면 된다. 오랜 시간이 걸리기 때문에 인내심도 필요하다. 결론적으로 아이들에게 '저축하는 즐거움'과 '소비하는 즐거움'을 동시에 가르쳐 줘야 한다.

2
돈 관리법을
가르쳐야 하는 이유

자녀의 저축과 소비에 대한 생각을 잘 살펴야 한다.

저축은 좋은 것이고 소비는 나쁜 것이라는 결벽증이 있는 아이도

있다. 내 아이가 한쪽으로 지나치다 생각되면 균형감을 가질 수

있도록 도와 줘야 한다.

"돈은 즐거운 것!"

바로 내 철학이다. 돈은 써도 즐거워야 되고, 모아도 즐거워야 한다.

이런 돈의 철학을 아이들에게 가르쳐야 한다.

돈 관리법을
가르쳐야 하는 이유

　20세기에 미국인은 100을 벌어서 겨우 8을 저축했다.
21세기에는 더 떨어져 2에도 미치지 못하는 것으로 나타
났다. 곧 1이 될 것으로 보인다. (세계에서 저축을 가장 많이
한다는 일본인은 100을 벌어서 25 이상을 한다)
　미국인은 이미 버는 것보다 더 쓰고 산다. 경제 및 정책
연구 위원회(CEPR)의 2003년 조사에 따르면 미국인은
100을 버는데도 불구하고 108.3을 쓴다고 한다. 8.3을 빚
을 얻어 쓰고 있는 셈이다. 만약 이런 추세라면 10년 내
에 100을 벌고 52를 추가로 빚을 내서 152를 쓸 것이라
고 이 위원회는 예측했다. 이제는 돈을 버는 사회에서 돈
을 쓰는 사회가 됐다는 얘기가 나올 정도다.

사정이 이런데도 보통 사람들은 자녀에게 돈을 얘기할 때면 먼저 저축을 하라고 얘기한다. 부모들이 살다 보니 저축하기가 가장 어렵기 때문은 아닐까. 하지만 아무리 자린고비라도 돈을 안 쓰고 살 수는 없다. 따라서 돈 모으는 법을 가르치는 것보다 현명하게 돈을 잘 쓰는 법을 가르쳐야 한다.

저축하는 법과 이를 닦는 법은 같다

아이들에게 저축하는 법을 가르치는 것은 처음 이를 닦게 시키는 것과 같다. 이를 닦는 것부터 생각해 보자. 아이에게 칫솔과 치약을 준다. 목욕탕에 들어가서 이렇게 닦는 것이라고 가르친다. 마지막으로 아이가 이를 닦고 나면 잘했다고 칭찬을 해준다. 그러면 아이는 다음날부터 스스로 매일 이를 닦게 된다.

이를 닦는 것과 같이 아이에게 저축하는 법을 가르쳐 주면 좋다. 아이에게 통장과 돈을 주고, 은행에 가서 저축하게 하고, 잘했다고 칭찬을 해준다. 이런 식으로 저축하는 습관이 몸에 배도록 만들어 주면 바람직하다. 그렇다면 아이에게 돈과 통장을 만들어 주면서 뭐라고 설명을 해야 할까.

우선 아이가 이해하기 쉬운 돈의 정의와 저축의 정의를 말해 줘야 한다.

돈의 정의
내가 갖고 싶은 것을 얻는 값으로 내야 할 것이다.
교육 요령
아이에게 돈을 내고 사야 할 필요한 물건 목록을 만들게 한다.
저축의 정의
나중에 꼭 필요할 때 쓰기 위해 물건을 안전한 장소에 두는 것이다.
교육 요령
나중에 필요할 때 써야 할 물건 목록을 만들게 한다.
사례
1. 다람쥐가 겨울에 먹기 위해 도토리를 모아 두는 것
2. 재활용 할 수 있는 빈 병을 모아 두는 것

저축의 즐거움을 알려 주라

보통 부모는 저축은 비상시에만 써야 한다고 강조한다. 그러나 이건 바람직한 저축 교육이 아니다. 무어보다도 먼저 '저축의 즐거움'을 알려 줘야 한다. 그래야 아이들이 저축의 의미를 깨닫게 된다.

저축하는 이유

저축을 하는 이유는 세 가지다.

- 비상시 쓰기 위해
- 노후에 쓰기 위해
- 원하는 것을 사기 위해

교육 요령

아이에게 두 개의 직장 중 하나를 선택하도록 한다.

- 일 년에 100만 달러를 주는 직장
- 첫날에는 1페니를 받은 뒤 매일 두 배 씩의 돈을 일 년간 받는 직장

그러면 아이들은 열심히 계산을 할 것이다. 그런데 첫날에 1페니를 받은 사람은 28일만 일하면 100만 달러가 된다는 사실을 알려 줘라. 바로 저축에서 '복리의 마술'을 간접적으로 재미있게 알려 주는 셈이다. 이렇게 저축은 처음에는 티끌과 같이 사소한 것 같지만 나중에는 엄청나게 커진다는 것을 알려 줘야 한다.

저축하는 3단계

아이가 몇 살이든 저축하는 법을 가르쳐야 한다. 자녀가 여섯살이든 열여섯살이든 스물여섯살이든 내 집에 함께 산다면 저축하는 법을 가르쳐야 한다.

그렇다면 가장 일반적인 저축 교육 방법은 무엇일까.

1. 자녀와 함께 저축의 목표를 세운다.

2. 목표를 달성할 때까지 자녀가 필요한 돈을 벌 수 있도록 도와 준다.

3. 자녀가 저축 목표를 달성하면 함께 기뻐하고 칭찬해 준다.

하지만 아이들에게는 더 구체적인 프로그램이 필요하다. 역시 3단계로 한다.

1. 반드시 자기가 돈을 벌어 저축하게 한다.

2. 저축한 돈을 안전하게 둘 곳을 마련해 준다. 장난감 금고도 좋다.

3. 자녀가 잘 하는지 지켜보고 저축 목표 금액을 달성하면 격려해 준다.

여기서 중요한 것은 습관들이기이다. 따라서 일 주일 단위로 좀 쉬운 저축 목표를 정해 주고 이를 달성하도록

도와 준다. 아빠 구두를 닦으면 500원을 준다는 약속을
했다면 이를 기준으로 일 주일 단위의 저축 목표를 정해
주고 달성하면 칭찬하는 방식이 좋다. 아이가 달성하기
힘든 목표를 세우거나 아이로서 참기 힘든 자제력을 요구
하는 목표라면 안 된다. 또 아이에게 돈을 모을 수 있는
비밀의 장소를 만들어 줘야 한다.

만약 아이가 뭔가를 사기 위한 목표를 가지고 저축을
시작했다면 돈을 모으는 장소에다가 원하는 물건의 사진
을 붙여 놓으면 좋다.

나는 뭐든지 배우는 것이라면 즐거움이 있어야 한다는
철학이 있다. 그래야 오래 습관으로 몸에 밸 수 있기 때문
이다. 물론 나이 별로 방법은 조금씩 다르다.

2 ~ 4세 아이

돈이란 무엇인가 개념을 가르쳐야 한다. 이를 위해서는
동전 알아맞히기 게임이 좋다.

동전 알아맞히기 게임
목적 : 돈의 이름과 구별법, 세는 법, 가치를 알려 준다.

준비물 : 모든 종류의 동전을 준비한다. 종이와 연필을 준비해 종이에 동전을 그리고 10원 등 각 동전의 이름을 써 넣는다.

방법 : 어른이 동전의 이름을 말하면 아이가 그것을 집어 그림 위에 정확하게 놓는지 확인한다.

결과 : 동전을 모두 맞는 그림 위에 놓으면 아이가 이긴다.

다음으로는 동전과 동전의 관계를 가르치는 게임이다. 100원짜리는 50원짜리 두 개와 같다는 식의 개념을 알려주는 게 중요하다. 이를 위해서는 잔돈 놀이가 좋다.

잔돈 놀이

목적 : 아이에게 돈을 세는 법을 가르쳐 주고 그 가치를 알려준다.

준비물 : 아이에게 보물찾기를 하자며 집 안 여기 저기에 흩어져 있는 동전을 다 모은다. 코트 호주머니와 서랍 속, 소파 아래 등을 찾게 한다.

방법 : 10원짜리, 50원짜리, 100원짜리, 500원짜리 등 주워 온 동전을 종류별로 모아서 쌓도록 한다.

결과 : 각 동전마다 500원을 만드는 다양한 방법을 배

우도록 한다. 이렇게 세 번을 성공하면 아이가 이긴다. 예를 들어 10원짜리 50개를 쌓아야 500원이 된다는 것을 보여 줘야 한다. 500원은 10원짜리를 50개나 쌓아야 똑같은 가치가 된다는 점을 깨닫게 해줘야 한다. 부모가 500원을 벌려면 10원짜리를 50번 모아야 할 정도로 힘들게 일하고 있다는 것을 강조하면 좋다. 또 총 합이 얼마인지를 계산하도록 한다. 그런 뒤 이렇게 모은 돈으로는 무엇을 살 수 있는지 알아보는 것도 좋다. 또 이렇게 모은 동전을 아이가 가까운 은행에 가서 1,000원짜리 지폐로 바꿔보도록 하는 것도 바람직하다.

5 ~ 8세 아이

먼저 저금하는 것과 쓰는 것을 구별해 줘야 한다. 이를 위해 저금통과 지갑을 따로 하나씩 마련해 준다. 아이에게 용돈을 준 뒤 저금을 하도록 권장하고 쓸 돈을 지갑에 넣도록 한다. 저금통은 속이 보이는 투명한 것을 고르는 게 좋다. 매일 매일 돈이 쌓이는 것을 아이가 봐야 한다. 또 아이가 돈을 쓸 때는 반드시 지갑의 것을 꺼내 쓰도록 한다.

다음으로는 거스름돈 계산하는 법을 가르쳐 줘야 한다. 예를 들어 100까지 셀 수 있는 아이라 해도 100원을 내고 50원짜리 과자를 산 뒤 얼마를 받아야 할지 계산해 내기란 쉽지 않다. 따라서 주방 식탁 같은 데서 편안하게 잔돈을 주고받는 훈련을 시켜 주면 좋다.

거스름돈 빨리 계산하기

목적 : 거스름돈을 제대로 계산하고 주고받는 법을 가르쳐 준다.

준비물 : 동전을 10원, 50원, 100원, 500원짜리로 나눠서 준비한다. 네 개의 상자에 이 동전들을 분류해 담아 놓는다. 또 여러 식료품 그림을 그려 놓고 가격표를 붙인다.

방법 : 부모는 물건을 사는 손님이 되고 아이는 가게 주인이 된다. 처음에는 아이에게 350원짜리 물건 한 개를 사고 500원을 줘서 거스름돈을 받아 본다. 그런 다음에는 100원짜리와 350원짜리 두 개를 고르고 500원을 줘서 거스름돈을 받아 본다. 이런 식으로 점점 어렵게 상황을 만든다. 어떤 때는 전체 합계가 500원이 넘는 물건 세 개를 고른 뒤 500원만 줘 본다. 가게 주인인 아이가 어떤 반응을 보이는지 잘 살펴보고 설명해 줘야 한다. 때로는 가게

주인과 손님의 역할을 바꿔서 해보기도 한다.

결과 : 예컨대 500원을 넘지 않고 가장 많은 물건을 고른 사람이 이긴다.

거스름돈 빨리 계산하기 놀이에서는 아이에게 가르칠 것이 많다. 사람들은 돈을 악의 근원이라고 한다. 돈을 보면 탐욕스러워지고, 바보가 되기 일쑤이기 때문이다. 하지만 돈은 돈 그 자체라는 사실을 부모도 알고 아이도 알아야 한다. 다만 우리가 돈을 현명하고, 지혜롭게 쓰는 법을 배워야 한다.

이 놀이를 하면서 다음과 같은 상황을 아이에게 만들어 줘야 한다. 아이가 가게 주인이었을 때 부모인 손님이 돈을 더 주고 갔다고 해보자. 아이가 정직하게 그 돈을 손님에게 돌려주는지 횡재를 했다며 몰래 챙기는지를 살펴보고 토론해야 한다. 돈을 받는 종업원이 손님으로부터 돈을 적게 받았을 때 가게 주인으로부터 그가 나중에 어떤 조치를 당할 것인지도 서로 논의해 본다. 그 종업원이 부족한 돈을 자기 호주머니에서 꺼낸다는 상황까지 만들어서 아이와 많은 얘기를 해보자. 돈에 대한 철학을 가르쳐 줄 수 있는 좋은 기회가 된다.

9 ~ 12세 아이

이 나이 때는 돼지저금통을 벗어나 은행에서 통장을 개설하는 법을 가르쳐야 한다.

한국에서는 생소하지만 미국의 부모들은 아이를 낳으면 기념으로 은행에 가서 통장(보호예금)을 하나 만든다. 부모와 아이 공동 이름으로 된 통장이다. 9~12세이 된 아이가 아직 통장이 없다면 함께 은행에 가서 자신의 이름으로 된 것을 만들어 주면 좋다.

나는 은행에서 근무했기 때문에 아이들이 더 어렸을 때부터 통장을 만들어 줬다. 하지만 너무 어린 나이면 아이들이 통장의 개념을 잘 모를 수 있어 소용이 없다.

돼지 저금통에 돈이 쌓이는 기쁨을 이제는 은행 통장에 돈이 쌓이는 것을 보는 기쁨으로 바꿔 줘야 한다. 처음 통장을 만들었을 때의 기쁨이 사라지기 전에 저축하는 기쁨으로 바꿔 줘야 한다. 매주 은행에 가서 예금을 하고, 잔고를 확인하고, 불어난 돈을 보면서 즐거움을 느끼게 해야 한다.

예컨대 일 주일 동안 용돈을 모아 통장에 저축하게 하고 그 돈을 찾아 장난감을 살 수 있게 한다. 다음에는 2주간, 3주간, 4주간으로 목표를 높게 잡는다. 4주간 목표로 용돈을 모아 은행에 저축을 한 뒤 부모와 함께 찾아서 비싼 게임기를 살 수 있도록 유도하는 방법도 있다. 이 나이 때는 이같이 저축하는 기간을 점차 늘려 가는 것이 매우 중요하다.

2개월이 넘는 장기적인 목표를 정하고 은행에 저축을 한다면 어느 정도 성공을 거둔 셈이다. 자기가 원하는 물건 중에 2개월이 넘는 목표는 많지 않을 것이다. 보통 이 정도면 더 이상 장난감을 사기 위해 열심히 저축하지는 않는다.

"정말 원하는 것인지 아닌지는 시간이 지나보면 안다." 아이들은 이런 '소비 철학'도 배워 나갈 것이다.

12세 이상 아이들

이 나이부터는 자녀에게 돈 관리를 전적으로 맡기는 문제를 고민해야 한다. 돈을 어떻게 쓰든, 돈을 어떻게 벌든 부모가 상관하기가 쉽지 않기 때문이다.

그런데 이 나이 때 아이가 돈을 보면 쓰기만 하고 저축을 하지 않는다면 어떻게 하시겠습니까? 심지어 통장에 있는 돈을 꺼내 쓴다면 어떻게 하시겠습니까.? 이럴 때

버럭 화를 내거나 당황하지 말고 저축하는 법을 차근차근 가르쳐야 한다.

우선 왜 아이가 통장에서 돈을 꺼냈는지 이유를 알아봐야 한다. 어버이날 기념품을 사려고 그랬을 수도 있다. 그런데 점심에 과자를 사먹고 싶어서 그랬을지도 모른다. 이렇게 예상치 못하고 충동적인 이유로 돈을 썼다면 아이와 마주앉아 얘기해야 한다. 용돈 항목에서 예상치 못한 지출을 위한 예비비를 따로 두도록 권유하면 된다.

문제는 돈이 생기면 무조건 쓰고 보는 아이들이다. 이런 아이들은 가능한 한 빨리 손을 봐야 한다. 급한 대로 눈에 보이지 않으면 마음도 멀어진다는 속담을 이용해 본다. 아이의 눈에서 가능하면 돈이 보이지 않게 하는 방법이다. 저금통이나 통장을 아이의 눈에 안 띄는 곳에 둬야 한다.

좀 더 큰 아이라면 돈을 쓸 때마다 부모와 상의하도록 해보자. 용돈 기입장을 마련해서 수입과 지출, 잔고 등을 매일 적게 한다. 그런 뒤 통장에서 돈을 꺼내 써야 할 때는 왜 필요한지를 부모와 의논하게 만든다.

아이는 원하는 물건을 사겠다고 하고 부모가 볼 때는 쓸데없는 소비라고 생각해 충돌할 때가 있다. 그러면 아이에게 일 주일만 기다리라고 해 보자. 낭비하는 아이들은 대개 충동적으로 물건을 사는 경우가 많다. 따라서 일 주일이 지나면 잊어버리기 일쑤다.

문제는 일 주일이 지났는데도 여전히 아이가 잊지 않고 물건을 사겠다고 조를 때다. 그렇다고 부모가 아이를 이해할 수도 없는 노릇이다. 이럴 때는 부모가 단호하게 최후통첩으로 안 된다고 얘기해 줘라.

낭비벽이 더 심한 아이들을 다루는 법 두 가지를 소개한다.

1. 강제로 저축시키기

부모는 사장, 아이는 종업원이라고 생각해 보자. 부모가 아이에게 용돈을 주면서 강제로 절반을 저축시킨다. 그런 뒤 한 달 뒤에는 통장을 보여 주면서 "네가 이만큼 저축했다"라고 보여 준다. 다음달에는 이보다 두 배로 늘어난다고 강조해서 말해 준다. 웬만한 아이라면 솔깃해 할 것이다.

2. 저축 장려금 주기

먼저 아이에게 흥미로운 제안을 한다. 네가 100원을 저금하면 똑같은 금액인 100원을 통장에 함께 넣어 주겠다. 더 많이 1,000원을 저금하면 1,000원을 넣어 줘야 한다. 아이가 지속적으로 저축에 흥미를 느끼게 하는 방법이다. 바로 저축의 즐거움을 키워 주는 것이다. 잘만하면 아이를 저축광으로 만들 수도 있다.

수전노로 키워서도 안 된다

무엇이든 지나치면 안 된다. 저축을 장려하다가 아이를 수전노로 만들어서는 안 된다. 부모 입장에서는 아이가 저축광이면 흐뭇해 할 수 있다. 하지만 이 아이가 커서 뭐가 될 건지 상상해 봐라. 항상 공짜만 바라거나, 다른 사람의 돈을 들어먹는 사람으로 크면 어떻게 되겠나. 원만한 가정과 사회 생활하기가 힘들 것이다. 따라서 극단적인 저축광이나 극단적인 낭비광은 똑같이 나쁘다.

내가 어렸을 때 짠돌이로 기억되는 사촌 도그가 가까이 살았다. 나는 그 애와 함께 놀기를 좋아했다. 그런데 도그는 뭔가 특별한 것을 사기 위해 항상 돈을 모았다. 그래서 우리가 영화를 보러 가거나 아이스크림을 사먹을 때도 그는 돈을 쓰지 않았다. 나는 도그와 함께 놀기 위해 대신 돈을 많이 내줬다. 지금 생각해 보면 그 애는 나를 교묘히 이용해 먹었다. 이렇게 극단적으로 저축하는 사람은 다른 사람들로부터 손가락질 당하기가 쉽다.

자녀의 저축과 소비에 대한 생각을 잘 살펴야 한다. 저축은 좋은 것이고 소비는 나쁜 것이라는 결벽증이 있는 아이도 있다. 내 아이가 한쪽으로 지나치다 생각되면 균형감을 가질 수 있도록 도와 줘야 한다.

"돈은 즐거운 것!"

바로 내 철학이다. 돈을 써도 즐거워야 되고, 돈을 모아도 즐거워야 한다. 이런 돈의 철학을 아이들에게 가르쳐야 한다.

3

용돈은 몇 살 때부터 줘야 할까

한번은 내 아들 렛이 일곱 살 때 오프라 윈프리 쇼에 함께
출연했다. 당시 오프라 윈프리는 렛에게
"일 주일간 할 일을 완전히 다 못했다고 한 푼도 못 받는 규칙은
공평하지 못한 것 아니니?"라고 물었다.
그러자 렛은 "아줌마는 이 쇼에서 잠깐만 일하고 그만큼만
돈을 받나요? 다 일을 하고 돈을 받아야죠."라고 말했다.
이렇게 아이들에게 엄격한 규칙을 정해 주면 그것을 지키는 것에
대해 자랑스러워한다.

용돈은 몇 살 때부터
줘야 할까

전문가들 사이에 두 가지 '용돈 논쟁'이 있다.

첫번째 논쟁은 '아이에게 용돈을 줘야 하나 말아야 하나. 만약 용돈을 준다면 몇 살부터가 좋을까?'라는 논쟁이다.

그러나 내 입장은 분명하다. "아이가 세 살이 되면 용돈을 주기 시작해라."

이 나이가 되면 엄마 아빠가 가게에 가서 돈을 내고 물건을 산다는 것을 어렴풋이 알기 시작하기 때문이다. 아이에게 직접 물어 봐라.

"엄마와 아빠가 가게에서 물건을 가져오고 뭐를 주지?"

이렇게 물어 봐서 아이가 돈을 주고 물건을 가져온다는

사실을 이해하고 있다면 그 때부터 돈 관리법을 차근차근 가르쳐야 한다.

그 첫걸음은 아이가 자기 돈을 갖고, 스스로 관리할 수 있도록 해야 한다. 어떤 때는 1,000원을 주고, 어떤 때는 500원을 주는 것은 좋은 방법이 아니다. 아이에게 '고정 수입'으로 용돈을 줘야 한다. 예컨대 일 주일에 1,000원씩을 주는 방식이다. 그래야 아이가 돈에 대해 스스로 결정하는 능력을 키울 수 있다.

두 번째는 '아이에게 집안일을 시키고 용돈을 줘야 할지, 아니면 그냥 줘도 되는지' 하는 논쟁이다. 나는 반드시 일을 시키고 용돈을 줘야 한다는 철학이다. 아이에게 돈과 일이 밀접한 관계가 있다는 점을 가르쳐야 하기 때문이다. 그래야 열심히 일을 해야만 돈을 벌 수 있다는 것을 깨우쳐 줄 수 있다. 또 부모가 아이에게 용돈을 주는 것도 일을 해 번 것이라는 사실을 알려 줘야 한다.

용돈을 주기 전에 생각해 볼 것들

아이에게 용돈을 주기 전에 부모로서 스스로 세 가지를 자문해 보라.

1. 아이에게 용돈을 줘도 될까? 아이가 필요한 용돈은 얼마일까?

2. 내 아이는 돈을 알아야 할 만한 나이가 되었나?

3. 용돈을 주고 무슨 일을 시킬까?

이같이 부모가 먼저 용돈에 대한 생각을 정리한 뒤 아이에게 줘야 한다.

얼마를 줘야 할까

먼저 내 경우를 말해야겠다. 나는 두 아이가 세 살, 여섯 살 때 용돈을 주기 시작했다. 용돈 액수는 간단한 법칙을 따랐다. 한 살 당 1,000원씩을 주는 방식이다. 그래서 세 살짜리는 3,000원, 여섯 살짜리는 6,000원을 줬다. 어떤 사람은 많다고도 하고 어떤 사람은 적다고도 한다. 하지만 많고 적고를 떠나 이 돈을 어떻게 쓸 것인가를 따져보도록 해야 한다.

아이들에게 기본적으로 이 돈을 세 가지로 분류해 써야 한다고 설명했다.

나는 이를 'SOS 시스템'이라고 했다. 아이가 용돈을 받으면 '저축할 것,' '기부할 것,' '쓸 것'으로 나눠야 한다고 가르쳤다.

- S(Savings): 저축

단기적으로는 장난감을 사기 위해 용돈의 일부를 저축
하도록 했다. 장기적으로는 자전거 등 큰 물건을 사기 위
해 저축하도록 했다.

- O(Offerring): 기부

용돈을 떼어 불쌍한 사람을 도울 수 있다는 점을 강조
해야 한다. 작은 돈이라도 다른 사람과 나눠 쓸 수 있는
미덕을 가르쳐야 한다.

- S(Spending): 소비

아이가 필요한 물건을 살 때 쓸 돈을 나눠 놓는다. 중요
한 것은 아이가 몇 살이든 반드시 자기 마음대로 쓸 수 있
는 돈은 따로 남겨 줘야 한다. 하지만 여기에서 그 돈을
쓰는 한계를 부모가 반드시 정해 줘야 한다. 권총 장난감
이나 만화책은 안 된다는 식으로 명확한 선을 그어 줘야
한다.

다음은 용돈 중 SOS(저축, 기부, 소비)를 어떻게 나눠야
할까 고민스러울 것이다. 여기에서는 당신의 생활 철학대
로 결정하면 된다. 자신보다 저축을 더 많이 하는 아이로
키우고 싶다면 그 비중을 높이도록 유도한다. 또 자선을

많이 하는 아이로 키우고 싶다면 그 비중을 더 높이면 된다. 나는 아이들에게 자선을 강조했다. 돈은 도움이 필요한 사람들과 나눠 쓸 수 있는 것이라는 생각을 심어 줘야 한다. 식탁에서 아이들과 함께 자신의 용돈 중 일부를 어떻게 기부할 것인지 다양한 방법을 찾아보면 재미있는 시간이 될 것이다.

네 개의 그릇에 돈 담기

SOS 시스템은 어린 아이들이 이해하기 쉽지 않다. 그래서 어린 아이라면 그들의 눈높이에 맞는 방식이 필요하다. 나는 아이들이 어렸을 때 용돈을 받아 네 개의 그릇에 나눠 담도록 했다.

첫째 그릇 : 자선용

둘째 그릇 : 필요할 때 쓰기용

셋째 그릇 : 단기 목표 저축용

넷째 그릇 : 장기 목표 저축용

아이들이 용돈을 받으면 그중 10%를 떼어내 가장 먼저 자선용 그릇에 넣도록 했다. 그리고 나머지를 3등분해 넣도록 했다. 그런 뒤 아이들에게 너희들은 행운아라 이렇게 행복한 집에서 살고 있다며 다른 불쌍한 아이들을 도와 줘야 한다고 교육시키기도 한다.

또 필요할 때 쓰기용 그릇에 담긴 돈은 아이가 자유롭게 쓸 수 있는 돈이다. 다만 앞에서 언급했듯이 금지된 물건을 살 수 없다는 점을 반드시 강조해야 한다. 내 아들 렛이 네 살 때 과자를 사먹기 위해 슈퍼마켓에 갔다. 그의 앞에서 한 할머니가 오렌지를 사고 50원이 모자라 머뭇거리는 것을 내 아들 렛이 봤다. 그는 할머니에게 대신 50원을 내주겠다고 했다. 할머니는 그럴 필요 없다고 말했다. 그러자 렛은 "할머니, 이 돈은 내가 번 돈이라 내 마음대로 쓸 수 있는 돈이에요."라고 말해 나를 놀라게 했다.

단기 목표 저축용 돈은 어떻게 모으고 써야 할까. 단기 목표는 나이가 어릴수록 기간을 짧게 해야 한다. 좀 큰 아이라도 3주를 넘기면 안 된다. 아이가 이 기간을 참지 못하면 용기를 북돋는 방법을 찾아야 한다. 장난감을 사기 위해 저축하는 목표라면 그릇에 사고자 하는 장난감의 사진을 붙여서 아이가 열심히 저축을 할 수 있도록 도와 준다.

장기 목표 저축용은 용돈 중에 먼 미래를 위해서도 돈을 모아야 한다는 점을 강조해야 한다. 10년, 20년 뒤 대학 입학금을 마련하기 위해 저축을 해야 한다는 현실을 깨우치도록 도와 줘야 한다.

어떤 일을 시킬까

보통 부모들은 집안일을 하면 용돈을 주겠다고 아이에게 제안한다. 이렇다보니 아이들은 엄마에게 마실 물 심부름을 하고 돈을 달라고 손을 벌리기도 한다. 아이에게 용돈을 주는 것은 원칙이 있어야 한다.

우선 아이에게 선을 그어 줘야 한다. 가족의 일원으로서 당연히 해야 할 일과 자신이 노동을 해서 돈을 받는 일이 구별돼야 한다. 나는 아이들에게 '가정의 시민' 중 한 사람으로서 의무가 있다는 점을 강조한다. 약속한 시각에 잠자리에 드는 것이나 이빨을 닦는 것, 엄마가 아파서 약을 사오는 일 등을 했다고 용돈을 줘서는 안 된다. 샤워를 하고 있을 때 전화를 받아 주는 일도 마찬가지다. 이건 가정의 시민으로서 의무를 다해야 한다고 얘기해 줘야 한다.

따라서 용돈은 아이에게 어떤 특정한 일을 맡겨서 그 일을 하면 돈을 줘야 한다. 매일 아침 아빠의 구두를 닦는다든가, 식탁을 차린다든가 하는 일을 시키고 일 주일 혹은 한 달에 한 번씩 용돈을 주는 게 좋다.

나는 아이들에게 경제 교육을 시키면서도 사회 구성원으로서 '시민'을 많이 강조하며 키웠다. 훌륭한 시민은 더 나은 사회를 만들기 때문이다. 아이들을 '좋은 시민'

으로 키우는 나만의 비법을 공개한다.

- 나는 '지구의 시민'이라는 점을 알려 준다.

아이에게 환경 문제를 알려 주고, 쓰레기를 줄이는 등
각자 할 수 있는 일을 찾아보자고 제안한다.

- 나는 '우리 나라의 시민'이라는 점을 알려 준다.

아이에게 우리 나라의 문제를 알려 주고, 이를 해결하
기 위해서는 각자 선거에 참여하는 방법 등을 설명하고
의논한다.

- 나는 '가정의 시민'이라는 점을 알려 준다.

아이에게 함께 사는 가정이 왜 필요한지 알려 주고, 집
을 깔끔하고 깨끗하게 만들 수 있는 방법이 뭐가 있나 의
논한다.

어떻게 용돈을 줄까

부모는 아이에게 용돈을 주는 규칙을 정해야 한다. 규칙
을 정할 때는 가능하면 아이와 함께 정하는 게 바람직하다.
집안의 어떤 일을 할 때 용돈을 얼마를 줄 것인가를 함께
의논하면 더 잘 지켜진다. 이렇게 해서 아래와 같은 규칙을
완성하고 아이들이 매일 보는 냉장고에 붙여 놓으면 좋다.

용돈 규칙

- **할 일**

거실 가구 닦기

고양이 밥 주고 똥치우기

사진 액자 닦기

- **담당자**

커일 갓프리 프라벨

- **점검일**

토요일 낮 12시

- **평가**

합격 : 용돈 지불(○월 ○일)

불합격 : 용돈 안 줌

한번 정해진 규칙은 엄격히 지켜져야 한다. '일을 다 하
지 않았다면 용돈도 없다' 라는 말을 매번 강조해야 한다.
할 일을 다 하지 못하고 반만 했다며 용돈을 절반만 달라
고 졸라도 절대로 주면 안 된다. 일 주일에 할 일을 완전
히 마쳐야만 돈을 줘야 한다. 조른다고 부모가 넘어가서
도 안 된다. 아이들은 어떤 주에 일을 다 하지 못해 실제
로 용돈을 받지 못했다면 그 다음 주부터는 절대로 할 일
을 미루지 않는다. 일부 아이는 이런 원리가 적용되지 않

을 수도 있다. 그렇다면 왜 규칙이 지켜지지 않는지를 아이와 함께 의논해야 한다. 사정이 있다면 그것을 들어 줘 규칙을 다시 짜야 한다. 아이가 지킬 수 있는 규칙인지 아닌지가 중요하다.

어떤 부모들은 아이에게 너무 엄격한 게 아니냐고 반문할지도 모른다. 그러나 아이들은 놀랍게도 그렇게 생각하지 않는다. 이런 규칙에 익숙해지면 일을 마친 뒤 용돈을 받으면서 스스로 더 자랑스러워한다. 규칙이 엄격하다고 문제가 생기지는 않는다. 그런 규칙이 무너졌을 때가 문제가 생기는 법이다.

한번은 내 아들 렛이 일곱살 때 오프라 윈프리 쇼에 함께 출연했다. 당시 오프라 윈프리는 렛에게 "일 주일간 할 일을 완전히 다 못했다고 한 푼도 못 받는 규칙은 공평하지 못한 것 아니니?"라고 물었다. 그러자 렛은 "아줌마는 이 쇼에서 잠깐만 일하고 그만큼만 돈을 받나요? 다 일을 하고 돈을 받아야죠."라고 말했다. 이렇게 아이들에게 엄격한 규칙을 정해 주면 그것을 지키는 것에 대해 자랑스러워한다.

파테노의 이론이 있다. 펜실베니아 주립대의 미식축구 팀 코치인 조 파테노는 최강팀과 싸워서 이길 때만 헬멧에 별 장식을 하게 했다. 어느 날 최강팀은 아니지만 매우 중요한 경기에서 승리했다. 파테노 코치는 기쁜 나머지 선수들에게 최강팀을 이긴 것은 아니지만 별 장식을 해도 좋다고 선수들에게 말했다. 그런데 선수들은 한 목소리로 "농담하세요. 이 별을 붙이는 것은 최강팀과 싸워서 이겼을 때만 붙이는 거예요."라고 반박했다고 한다.

누가 내야 할지 애매한 경우

어느 날 학교에서 모네 전시회를 간다며 1만원의 돈을 내라고 한다. 이렇게 예기치 못하게 돈을 써야 할 때 부모들은 당황한다. 아이에게 용돈으로 내게 해야 하나, 아니면 부모가 내 줘야 하나?

하지만 아이가 아직 신을 만한데도 새 운동화를 사 달라고 할 때가 있다. 이럴 땐 부모로서 돈을 줄 수 없다고 말해야 한다. 정말 사고 싶으면 용돈을 모아 사라고 해야 한다. 문제는 아이가 운동화를 사기 위해서는 평상시 받는 용돈으로 충당하지 못할 경우다.

용돈의 정의부터 다시 생각해 보자. 용돈이란 가족의 일원으로 아이가 일한 대가로 부모가 주는 돈이다. 그런데 지금 이 아이는 평소 받는 용돈보다 추가로 돈이 더 필요하다. 아이에게 용돈을 줄 때는 고용주와 종업원의 관계로 바꿔 생각하면 편리하다. 즉 고용주가 종업원에게 잔업을 시키고 특근 수당을 더 주는 방식이다. 한마디로 부모가 임시 돈벌이를 할 수 있는 일거리를 만들어 주는 것이다. 만약 이를 해 주지 않는다면 아이는 용돈으로 저축했던 돈을 다 꺼내 써 문제가 생길 수도 있다. 이를 막기 위해 예상치 못하게 쓸 일이 생기면 아이가 특별히 용돈을 더 벌 수 있는 일을 시키는 것이 좋다는 얘기다. 나이가 어린 자녀라면 재활용할 수 있는 신문을 모아 끈으로 묶는 일을 시키고 특별 용돈을 주면 된다. 좀 큰 자녀라면 봄철맞이 창고 정리 등을 시키면 된다.

조심할 것은 평소 용돈을 주는 조건으로 하는 일이나 가정의 시민으로 당연히 할 일을 내걸면 안 된다. 그러나 잊지 말아야 할 것은 이것은 분명 특별 수당이라는 사실이다. 그 이상도 그 이하도 아니다. 이 때를 대비하기 위해 특별한 일들을 정해 냉장고에 리스트를 적어 놔도 좋다. 부모가 필요할 때 아이의 수입을 늘려주는 방법은 매우 유용할 때가 많다. 내가 어렸을 때 어머니도 이 방법을 많이 썼다. 어떤 때는 주말까지 일을 하겠다는 약속만 하면 가불을 해 줄 때도 있었다.

용돈 규칙이 깨질 때 대처법

나는 워크샵에 가면 부모들로부터 용돈 규칙이 깨졌을 때 어떻게 대처하면 좋겠느냐는 질문을 많이 받는다. 몇 가지 사례를 소개하고 내가 생각하는 해법을 제시한다.

우리 집은 매주 금요일 밤에 아이들이 허드렛일을 잘 했나 확인 한 뒤 용돈을 나눠 준다. 중요한 것은 아이들이 선생님이 말씀한대로 용도별로 네 개의 돼지저금통에 넣도록 한다. 그런데 내가 깜빡 잊고 잔돈을 준비하지 못하는 때가 많다. 용돈 교육에서 이건 매우 중요한 일인데······.
- 일 주일은 생각보다 번개같이 지나가죠. 그래서 계획적으로 움직이지 않으면 매주 돌아오는 용돈 주기 행사가 부담스러울 겁니다. 화장실의 화장지를 생각해 보세요. 화장지가 떨어질 것 같으면 슈퍼마켓에 들렀을 때 미리 사다 놓죠. 똑같이 하세요. 은행에 갔다가 아이들 용돈으로 줄 잔돈을 많이 바꿔서 부엌 서랍 등에 넣어 두세요. 매주 금요일 밤 아이들에게 용돈을 나눠 준 뒤 잔돈이 다음 주쯤이면 거의 바닥 날 것 같은 생각이 들면 은행에 들러서 미리 챙겨 두는 거죠.

우리 아이들은 용돈과 저축 교육이 잘 됐고 실천도 잘 하고 있어요. 그런데 할아버지 할머니가 방문하기만 하면 아이들의 용돈과 저축 교육이 엉망이 돼요. 할아버지 할머니는 아이들 손을 잡고 쇼핑몰에 가서 사 달라는 것들을 마구 사 주거든요. 할아버지와 할머니가 우리 집에 오면 돈이 하늘에서 공짜로 떨어진다고 착각할 정도죠.

– 동서양을 떠나 누구나 이해하는 일입니다. 할아버지 할머니 때문에 아이들이 망나니로 큰다고 걱정하는 부모도 많아요. 그분들이 집에 오시기 전에 먼저 부탁을 하세요. 이 책에 나온 대로 아이들의 용돈과 저축 교육에 대해 서로 의견을 교환하세요. 당신의 손자 손녀가 훌륭한 사람이 되길 원하는 분들입니다. 그분들에게 우리 집에 오시면 아이들과 함께 쿠키를 굽는다든지, 정원에 나가서 꽃을 심는 등의 일을 하시라고 권해 보세요. 아니면 공원에 아이들을 데리고 나가서 비둘기 먹이를 함께 주라고 말씀해 보세요.

우리 집은 남편 때문에 아이들 교육에 문제가 생겨요. 아들인 제이크는 매일 아침 개밥을 주고 일 주일에 한번 용돈을 받아요. 남편도 이 사실을 알죠. 아들은 늦게 일어나죠. 그런데 남편은 아침 일곱 시쯤 아이가 밥을 주기 전에 자기가 그 일을 하는 겁니다. 개가 배가 고파하는 것 같다며 아들이 그 일을 할 때까지 기다리지 못하는 겁니다. 어떤 때는 내가 아들에게

'일을 안 했으니 용돈도 없다'라고 말합니다. 그럼 아들은 저에게 항의합니다. 자신은 일을 하려고 했는데 아빠가 먼저 했으니 자신의 잘못은 아니라는 주장이죠. 저만 난처할 때가 많습니다.

– 가족에게 규칙을 따르라고 하지 말고 가족이 규칙을 따를 수 있도록 만들어야 해요. 당신의 남편이 아침 일곱 시까지 개를 굶기는 꼴을 못 보는 사람이라면 그걸 아이들 일로 규칙을 정하지 마세요. 다른 것을 찾으세요. 가족의 생활에서 굳이 안 되는 일을 억지로 규칙으로 만들어 여러 사람이 피곤하게 하지 마세요. 용돈과 저축 교육에서 중요한 핵심은 아이들에게 책임감과 돈의 가치를 알려 주는 것입니다.

이혼한 전처가 가끔 찾아 와서 아이들 교육을 망쳐 놓곤 하는데……

– 그분에게 당신의 교육법을 설명해 주고 협조를 부탁하세요. 그분도 자신의 아이들이 책임감 있고 훌륭하게 크는 것을 원할 겁니다. 문제는 당신의 교육법에 무조건 반대하는 분이라면 다른 방법을 써야 합니다. 아이들에게 단단히 주의를 시키는 겁니다. "우리 집에서는 우리 집 규칙을 따라야 한다. 우리가 함께 살기 위해서는 이 방법을 따라라." 단호하게 말하고 그 규칙을 지켜야 합니다.

아이들은 저녁에 식탁을 정리하는 당번이에요. 그런데 살다보면 패스트푸드 점에 들러 저녁을 때우고 집에 들어오는 일이 있어요. 식탁을 정리 못한 아이들은 잘못이 없죠. 그런데 일을 안 했는데 용돈을 주기도 그렇고……

– 절대로 아이들에게 책임을 물을 수는 없죠. 이럴 땐 할 일 차트에 'O' 표시를 해주세요. 용돈은 지불하세요. 그리고 나중에 한 번 일할 것이 있다는 사실을 알려 주어야 해요.

4
아이에게
예산 짜는 법도 가르쳐야 한다

아이들에게 예산이 왜 중요하냐고 먼저 물어보는 게 좋다.
충동적으로 물건을 사는 것을 막아 준다는 등 다양한 의견이
나올 것이다. 그런 뒤 부모는 결론을 내려 준다.
"예산을 짜는 것은 너희가 어떤 물건이 꼭 필요하거나 원하는
특별한 물건을 사기 위해 돈을 미리 준비해 놓기 위해서다."
예산을 짜는 목적이 꼭 필요한 물건을 사기 위해서라고 하면
아이들은 별 감흥을 못 느낄 것이다. 그러나 너희가 특별한 물건을
사기 위해 예산을 짜고 저축을 하는 것이라고 하면 쉽게 이해한다.

아이에게
예산 짜는 법도 가르쳐야 한다

용돈을 받는 아이에게는 예산을 짜는 법도 가르쳐야 한다. 계획적인 경제 생활을 위해서는 꼭 필요하다. 그런데 예산을 짜기 전에 먼저 할 일을 정하는 게 중요하다.

3 ~ 6세 아이가 할 수 있는 일

이 나이 때 경험이나 습관은 매우 중요하다. 세 살 버릇 여든까지 간다는 속담을 소홀히 넘겨서는 안 된다. 따라서 이 때 저축하는 습관과, 현명하고 계획적으로 돈을 쓰는 법을 가르쳐야 한다.

가장 먼저 '약속한 모든 일을 마쳤을 때만 용돈을 받는
다'는 것을 철칙으로 삼아야 한다. 모든 보상은 자신이 일
을 다 했을 때만 얻을 수 있다는 점을 머릿속에 각인시켜
줘야 한다. 아이가 조른다고 자기가 할 일을 다 못 했는데
도 용돈을 주는 일이 있어서는 안 된다.

시킬 만한 일들

식탁 정리, 방청소, 소파와 의자 정리, 정원에 물주기,
고양이와 개에게 밥 주기, 재활용품 모으기

할 일 표 만들기

이 나이 때 아이의 눈높이에 맞는 일을 정한 뒤 이를 표
로 만들어 냉장고 문에 붙여 놓는다. 일 주일에 세 가지
일을 4일간 하도록 정하면 좋다. 할 일은 6개월에 한번씩
바꿔 주는 것이 좋다. 그렇지 않으면 아이가 너무 지루해
흥미를 잃을 수도 있다.

	월	화	수	목	금	토	일
오전	식물 물주기		식물 물주기		식물 물주기		식물 물주기
오후	재활용품 모으기	재활용품 모으기	재활용품 모으기				재활용품 모으기
저녁 식사 뒤	식탁 정리하기		식탁 정리하기		식탁 정리하기		식탁 정리하기

여기에서 중요한 것은 아이가 일 주일간 일을 다 마쳤을 때는 별을 표시해 주는 방법 등으로 격려를 해 줘야 한다. 아이가 일을 다 하지 못했을 때는 용돈을 주지 말고다 하도록 기회를 다시 줘야 한다. 아이가 둘이라면 똑같은 일을 시켜서는 안 된다. 그리고 6개월이 지난 뒤 서로일을 바꿔서 하도록 하는 방법이 있다.

7 ~15세 아이가 할 수 있는 일

이 나이 때는 독립적으로 일을 할 수 있도록 정해 주는것이 중요하다. 특히 이 때는 일을 마치지 않으면 용돈은없다는 철칙을 더 엄격하게 적용해야 한다. 부모가 한 두번 용납하다가는 아이의 버릇을 망치기 쉽다. 3~6세 때이런 규칙을 지키게 하는 것이 기초를 쌓게 하는 일이라면 7~15세 때는 높은 담을 쌓는 일과 같다. 그만큼 한번원칙이 무너지면 다시 쌓기가 힘들다는 얘기다.

시킬 만한 일들
설거지하기, 빨랫감을 세탁기에 넣기, 쓰레기봉투 밖에다 버리기, 앞마당 잡초 뽑기, 신문 등에서 할인 쿠폰 모

으기, 집안 청소하기 등

할 일 표 만들기

3~6세 할 일 표 만들기와 같다. 하지만 이 나이 때는 일 주일에 다섯 가지 일을 다섯 번 하는 것으로 만들어야 한다. 할 일과 빈도가 한 가지씩 더 늘어난 셈이다. 중요한 것은 할 일 다섯 가지 중 두 개는 좀 큰일을 시켜야 한다. 이 나이 때 아이들도 감독해서 평가하는 것을 소홀히 해서는 안 된다. 하지만 일을 다 마쳤다고 별표를 해 줄 필요는 없고 OX 표식을 해서 성취감을 느낄 수 있도록 해야 한다.

부모와 아이가 의논해 정하는 게 최선

용돈을 받기 위해서 아이가 해야 할 일은 부모와 아이가 합의해 정하는 것이 바람직하다. 다시 강조하지만 이빨 닦기나 일찍 자기 등은 '가정의 시민'으로서 당연히 해야 할 일이다. 이를 용돈을 주기 위한 할 일로 정해서는 안 된다. 아이가 이빨 닦기나 일찍 자기를 잘 하지 않으면 이를 용돈을 주고 습관을 들이고 싶을 것이다. 하지만 그래서는 안 된다. 아이들에게 이런 일은 가족 구성원으로서 당연히 해야 하는 일이라는 점을 다시 한 번 강조해 줘야 한다. 그래도 말을 안 듣는 아이에게는 용돈으로 해결하지 말고 '행동 대 행동 원칙'을 보여 줘야 한다. 예를 들어 이빨을 닦지 않으면 텔레비전 보기를 금지한다든지, 일찍 자지 않으면 게임을 못 하게 한다든지…….

이같이 아이가 가족 구성으로서 의무를 다하지 않으면 그의 권리를 뺏는 원칙을 정하면 된다. 절대로 용돈으로 이를 해결하지 말아야 한다.

용돈 주는 날 정하기

미국식으로는 용돈은 금요일에 주는 게 가장 좋다. 그러나 원칙은 부모와 아이가 의논해 정해야 한다. 아이의 교육을 위해 용돈을 줄 때는 4등분 할 수 있는 잔돈과 네 개의 봉투를 준비하는 게 바람직하다.

네 개는 자선용, 필요할 때 쓰기용, 단기 목표 저축용, 장기 목표 저축용이다. 용돈을 주는 날 아이와 함께 총액을 4등분하는 일도 중요하다. 아이에게 셈법을 가르쳐 줄 수 있을 뿐만 아니라 돈을 어떻게 써야 하는지 익힐 수 있는 계기가 된다.

예산은 왜 중요한가

아이들에게 예산이 왜 중요하냐고 먼저 물어보는 게 좋다. 충동적으로 물건을 사는 것을 막아 준다는 등 다양한 의견이 나올 것이다. 그런 뒤 부모는 결론을 내려 준다.

"예산을 짜는 것은 너희가 어떤 물건이 꼭 필요하거나 원하는 특별한 물건을 사기 위해 돈을 미리 준비해 놓기 위해서다."

예산을 짜는 목적이 꼭 필요한 물건을 사기 위해서라고 하면 아이들은 별 감흥을 못 느낄 것이다. 그러나 너희가 특별한 물건을 사기 위해 예산을 짜고 저축을 하는 것이라고 하면 쉽게 이해한다.

예산을 짜기

예산을 짜기 전에 앞으로 우리가 써야 할 돈을 말해 보는 것이 좋다. 우선 아이가 기본적으로 쓰는 돈을 함께 불러보자.

점심값, 학용품값, 주일학교 헌금, 교통비, 보이스카우트 혹은 걸스카우트 회비 등.

그런 뒤 아이의 장래 희망이 뭔지를 물어보고 그에 필요한 돈이 있는지를 의논해 본다. 이럴 때 부모가 놀라는 일이 많다. 아이가 갑자기 사진 작가가 되고 싶다든지, 여름에 친구들과 함께 수영장에 놀러 가고 싶다고 할 수도 있다. 아이들의 이런 잠재된 욕망까지 다 파악한 뒤 예산을 짜야 한다. 이런 욕망은 한 달에 한 번 꼴로 바뀔 수도 있다. 그래도 괜찮다. 아이가 꿈이 있다면 그 꿈이 이뤄질 수 있도록 부모로서 최선을 다해야 한다.

나는 예산의 정의를 아이들 입장에서 설명한다.

'뭔가를 하고 싶을 때 돈은 얼마나 필요하고 어떻게 써야 할까 계획을 짜는 것'

예산을 짜기 전에 앞에서 언급한 내 용돈의 구조를 알고 있어야 한다. 용돈은 네 개의 봉투에 10%는 자선용, 나머지는 3등분해 필요할 때 쓰기용과 단기 목표 저축용, 장기 목표 저축용의 돈이 있다. 여기서 장기 목표 저축용 돈은 손을 대서는 안 된다. 아이의 미래 꿈을 실현하기 위한 돈이기 때문이다. 결론적으로 예산은 이렇게 네 개의 항목을 기본으로 짜는 것이다.

예산 짜고 실천하기

부모나 아이나 예산 짜기는 힘들어하는 사람이 많다. 예산 짜기는 돈을 계획적이고 효율적으로 쓰기 위한 첫 걸음이다. 먼 길을 가기 위한 로드 맵인 셈이다. 하지만 예산을 짜고 지키기란 다이어트하기만큼 어렵다. 예산이건 다이어트하기건 잘 지키면 좋다는 것은 모든 사람이 다 안다. 하지만 이를 지속적으로 지키기란 매우 힘들다.

재무전문가들은 사람들이 왜 예산을 짠 대로 지키지 못할까 연구를 했다. 예산 관리에 실패하는 경우는 보통 세 가지다.

1. 실천하기 위한 의지 부족
2. 지키지 못할 비현실적인 목표
3. 예상치 못한 긴급 사태(질병, 실직 등)

1, 2번은 우리가 마음만 먹으면 고칠 수 있다. 하지만 3번은 쉽지 않다. 그런데 예산을 잘 짜서 저축을 하면 3번에 대한 피해를 최소화 할 수 있다. 질병과 실직 등에 대비해 저축을 해 놓은 사람은 이런 예측하지 못한 사태를 잘 극복할 수 있다. 아이들에게 이런 점을 강조해 가르쳐 주면 좋다.

예상치 못했던 돈이 필요할 때

아이가 열 살이 넘으면 용돈만으로는 부족할 때가 많다. 어떤 때는 갑자기 좋아하는 여자아이가 생겨 데이트 비용이 필요할 때가 생기기 마련이다. 이럴 때를 위한 원칙도 세워야 한다. 앞서 언급했듯이 이럴 땐 용돈을 더 올려 주지 말고 아이가 특별히 돈을 더 벌 수 있는 일을 더 시키는 방법을 쓰면 좋다. 강조하지만 이럴 때에도 절대로 용돈의 규칙은 무너져서는 안 된다. 해결책은 가욋일을 시키고 가욋돈을 주면된다. 가욋일은 컴퓨터에 가족 앨범 만들기나 아빠 차 오일 교환, 새 커튼 달기 등 특별한 집안일을 시킨다. 이런 일은 얼마를 줘야 할까? 부모는 먼저 아이가 용돈에서 얼마가 더 필요한가를 파악해야 한다. 그런 뒤 합리적인 가격을 염두에 두고 아이와 의논해 이 일을 마치면 얼마를 주겠다는 합의를 하는 게 좋다. 시간보다는 일 단위로 따져 주는 것이 좋다.

아이에게 용돈 관리법을 가르치는 것은 책임감을 길러 주는 일이기도 하다. 아이가 용돈 관리를 잘 하고 현명하게 돈을 잘 쓰면 예상치 못한 비용이 생길 때 도와 주고 싶은 생각이 든다. 나는 이럴 때 아이에게 절반씩 돈을 내자고 제안하기도 한다. 학교에서 담임 선생님이 결혼을 해서 선물을 살 때 2,000원이 필요하다고 하면 내가 1,000원을 주고 아이가 용돈으로 1,000원을 내는 방식이다. 이는 예상치 못한 일로 생각지도 못한 용돈이 나가는 일을 최소화시킬 수 있고, 부모는 아이에게 그냥 돈을 주었다고 생각하기보다는 도와 줬다는 만족감을 느낄 수 있다.

살다보면 어른이나 아이나 예기치 못한 일이 참 많이 일어난다. 이럴 때 어떻게 일을 처리해야 할지의 기준을 정하는 것은 매우 중요하다. 자연적이고 돌발적인 일이 벌어졌을 때 어떤 기준으로 이를 바라보고 처리해야 할까. 이런 일은 아이와 함께 의논해야 한다. 그 기준은 공평성과 책임감이다. 돌발적인 일이 벌어졌을 때 누가 얼마만큼의 책임을 져야 서로 공평하다고 생각하느냐 하는 문제다.

몇 가지 생각할 것들을 열거해 본다.

- 아이가 돈을 잃어버렸을 때 어떻게 해야 할까?
- 꽃병이나 유리창을 깨뜨렸을 때 누가 변상할 건가?
- 아이가 다른 아이에게 돈을 빌려 주거나 빌릴 수 있나?
- 용돈 받는 날까지 할 일을 다 마치지 못했다면 어떻게 할까?

이처럼 아이가 책임을 지고 자신의 용돈을 지불해야 할 돌발 사태가 종종 발생한다. 만약 아이가 부담이 된다고 생각되면 부모는 창고 청소 등 가욋일을 시켜 용돈을 채워 주는 방법이 있다. 그런데 아이가 돈을 잃어버렸다고 할 때 어떻게 할까. 나는 먼저 돈을 아이에게 그만큼을 준다. 그런 뒤 한 달 내 혹은 두 달 내 그 돈을 갚으라고 한다. 이런 해결책을 아이들과 함께 이야기하는 것이 바람직하다.

예상치 못한 돈이 생겼을 때

예상치 못하게 돈을 쓸 때도 있지만 예상치 못하게 돈이 생길 때도 있다. 중요한 것은 아이와 의논해 미리 규칙을 마련해야 한다.

나는 할아버지 할머니가 어느 날 방문해 돈을 주면 용돈과 똑같은 규칙을 정한다. 그 돈을 용돈과 똑같이 4등분해서 나누는 것이다. 10%는 자선용, 나머지 3등분해서 필요할 때 쓰기용과 단기 목표 저축용, 장기 목표 저축용으로 사용한다. 이런 규칙을 미리 정하지 않으면 부모는 아이로부터 반드시 "공평치 못해요"라는 소릴 듣게 된다.

또 필요할 때 쓰기로 한 돈이 남았을 때 어떻게 해야 할까. 기본적으로는 이럴 경우를 대비해 자녀와 함께 이야기를 해서 규칙을 정하는 것이 좋다. 문제는 점심값을 아끼려고 굶은 뒤 이 돈을 다른 데다 쓰고 싶어 할 때다. 또 차를 타지 않고 교통비를 아껴서 나중에 옷을 사겠다고 우기면 어떻게 할 건가. 기본은 아이의 이야기를 충분히 들은 뒤 의논해 결론을 내는 것이 중요하다. 또 이럴 땐 극단적인 절약가나 극단적인 낭비가 소질이 있는지를 잘 살펴봐야 한다.

아이가 예산을 짠 대로 하지 않을 때

아이와 함께 예산을 짠 뒤 2~3주는 잘 지켜지나 관찰해야 한다. 그 뒤에도 정기적으로 살펴봐야 한다. 흔히 아이들은 어떤 항목의 돈을 유용하는 경우가 있다. 필요할 때 쓰기용 돈을 다 쓴 뒤 자선용이나 장기 목표 저축용 돈을 변통하는 일이다. 한번쯤 아이가 이런 일을 저지르고 곧 채워 넣는다면 눈감아 줄 수 있다. 하지만 이런 일이 두 번 이상 반복되면 나는 가만 두지 않는다. 자녀와 함께 예산과 씀씀이를 다시 점검해야 한다. 만약 저축용 돈에 손을 댄다면 아이가 유혹을 못 느끼게 그 돼지 저금통을 보이지 않도록 감춰 놓으면 좋다. 좀 큰 아이라면 은행에 넣어 두면 바람직하다. 금고에 그 돈을 넣게 하고 열쇠를 부모가 가지고 있는 것도 괜찮다.

다음과 같은 놀이를 해보는 것도 유용하다. 이레인 던이 주연한 옛날 영화 『엄마를 기억하며(I Remember Mama)〉』에서 아이디어를 얻었다.

청구서 갚기 게임

목적 : 한 달 동안 내야 할 청구서를 번 돈으로 모두 처리하기

준비물 : 열 장 이상의 봉투, 장난감 돈, 매달 오는 지난달 청구서(전기세, 전화요금, 보험, 신용 카드, 집세 등)

방법 : 매달 버는 월급을 장난감 돈으로 계산해 놓는다. 봉투에다 종류별로 청구서를 나눠 넣은 뒤 겉봉에 액수를 적는다. 전기세 25,000원, 전화요금 57,000원, 보험 30만원, 신용카드 80만원, 집세 60만원 등으로 분류한다. 그런 다음 장난감 돈으로 받은 월급을 나눠서 이 봉투 겉봉에 적힌 액수만큼 넣는다.

결과 : 부모와 아이가 함께 하는 게임으로 청구서를 다 치루고 월급으로 받은 장남감 돈이 남으면 모두가 이긴다. 하지만 이보다 월급이 작으면 모두 진다. 월급이 남았을 때 이 돈을 어떻게 할 것인지 아이와 함께 의논하는 것

도 바람직하다.

　이 게임은 부모가 번 돈이 어떻게 어디로 나가는지 교육시킬 수 있다. 또 '번 만큼만 써야 한다'는 경제적인 기본 원리를 가르칠 수도 있다.

5

아이에게 은행을
어떻게 알려 줄까

옛날에 몰리라는 부인이 있었다. 몰리 부인은 돈을 모아서 모두
난로 속에 감춰 뒀다. 그런데 남편이 이같은 사실을 모르고 난로에
불을 지펴 전 재산을 모두 날렸다. 몰리 부인은 은행에 돈을
넣을 것을 잘못했다고 땅을 치고 후회했다고 한다.

또 다른 이야기가 있다. 옛날에 사람들은 돈을 둘 데가 마땅치
않았다. 아무리 금고라고 만들어 놔도 밤에 도둑이 들어와
다 훔쳐 가기 일쑤였기 때문이다. 그래서 사람들은 밤에 잘 때면
이불 아래에다 돈을 숨기고 조마조마하며 잠을 잤다.

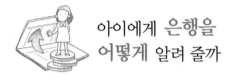

아이에게 은행을
어떻게 알려 줄까

　다섯 살 정도만 넘으면 은행을 알려 줘도 괜찮다. 이 아이는 점차 커가면서 기본적인 저축 예금 이외에도 신용카드, 자동차 할부금, 주택 융자금 등 은행과 수많은 거래를 하면서 인생을 살아가게 된다.

　내 친구 헬렌은 거래 은행원인 시어스가 있었다. 헬렌은 평생 그 은행원의 도움을 받았다. 그런데 헬렌은 단골 은행을 다닐 때마다 그의 딸을 데리고 다녔다. 유모차를 탈 때부터 데리고 다니며 말을 알아들을 때쯤 은행에 대한 간단한 일을 설명해 주기도 했다. 이 애는 네 살쯤 되자 단골 은행원의 도움을 받아 통장에서 돈을 넣고 뺄 수 있을 정도가 됐다. 이처럼 아이가 다섯 살 정도 되면 은행과 친해지는 환경을 만들어 줘야 한다. 사실은 부모들도 은행을 멀리 하는 사람들이 있다. 자기가 돈이 필요할 때 은행원과 상담할 수 있는 단골 은행이 있나를 한번 생각해 보자. 단골 주치의가 있듯이 믿을 만한 은행원이 있어야 한다. 융자금이 연체됐을 때 나에게 연락해 줄 수 있는 은행원이 있어야 한다. 내 재정 상태가 건전할 때나 악화됐을 때 친한 은행원과 상의할 수 있어야 한다. 내가 퍼스트 여성 은행 총재로 있을 때 고객이 집처럼 편안한 마음을 가질 수 있도록 대기실 등을 바꿔 놓은 적도 있다.

난로 속에 돈을 숨겨 놓은 이야기

아이에게 은행은 무엇이고 왜 이용해야 하나를 알려 주기 전에 이야기를 몇 개 해 주자.

옛날에 몰리라는 부인이 있었다. 몰리 부인은 돈을 모아서 모두 난로 속에 감춰 뒀다. 그런데 남편이 이같은 사실을 모르고 난로에 불을 지펴 전 재산을 모두 날렸다. 몰리 부인은 은행에 돈을 넣을 것을 잘못했다고 땅을 치고 후회했다고 한다.

또 다른 이야기가 있다. 옛날에 사람들은 돈을 둘 데가 마땅치 않았다. 아무리 금고라고 만들어 놔도 밤에 도둑이 들어와 다 훔쳐가기 일쑤였기 때문이다. 그래서 사람들은 밤에 잘 때면 이불 아래에다 돈을 숨기고 조마조마하며 잠을 잤다.

100여 년 전 은행이 많이 생겼다. 그래서 사람들이 돈을 은행에 맡겼다. 그런데 은행에 강도가 들거나 불이나 돈이 다 사라지면 받을 길이 없었다. 그래서 각 나라는 은행에 예금하는 사람은 일정한 금액만큼은 보장을 해줬다. 우리 나라도 '예금자 보호법'에 따라 아무리 은행이 망해도 예금한 사람에게는 5,000만원까지 보장해 준다. 이런 이야기를 해주면서 아이에게 은행은 '돈을 안전하게 맡길 수 있는 곳'이라는 개념을 심어 줘야 한다.

여기서 은행은 어떻게 돈을 벌어서 운영하느냐는 아이의 질문이 있을 수 있다.

은행은 사람들이 예금하면 그 돈을 필요한 사람에게 다시 대출해 준다. 이 때 돈을 빌려 준 대가로 받는 이자가 예금한 사람에게 주는 이자보다 많다. 그 차액이 은행의 이윤이 된다.

은행의 규칙

- 은행은 고객이 예금한 돈을 안전하게 관리해야 한다.
- 은행은 고객이 예금한 돈 중 일부를 한국 은행(중앙 은행)에 맡겨야 한다. 한국 은행은 많은 사람이 돈을 한꺼번에 다 찾으러 왔을 때 등을 대비해 이 돈을 보관한다.
- 은행은 나이, 성별, 종교 등의 이유로 고객을 차별 대우해서는 안 된다.
- 은행은 갚을 능력이 없는 사람에게 돈을 대출해 줘서는 안 된다.

은행의 종류

- 한국 은행 : 한 나라의 중앙 은행이다. 일반 은행에서 돈이 막히지 않고 순조롭게 운영되도록 감독하고 지도하는 곳이다. 은행만 상대하고 일반인이나 기업과는 거래하지 않는다.
- 상업 은행 : 일반적인 예금 은행이다. 사람들이 저축하고 대출 받는 곳이다. 농업 협동 조합, 상호 신용 금고 등과 같은 곳도 비슷한 일을 한다.
- 신탁 은행 : 고객이 돈이나 재산을 맡기면 이익이 되게 운용을 해주는 곳이다. 돈을 3년이나 5년 동안 운용해

이익을 내서 돌려 주기도 한다.

- 투자 은행 : 주식 채권 등에 투자 조언을 해주는 곳이다. 예금과 대출을 해주는 일반 은행과는 많이 다르다.

은행 용어 알려주기

어떤 부모는 아이를 낳으면 은행에 가서 기념 통장을 만든다. 하지만 대부분 부모와 공동으로 돼 있어 동의가 있어야 운영되는 통장이다. 따라서 아이가 은행에 갈 때면 직접 보통 예금이나 정기 예금 통장을 만들어 주는 것이 좋다. 아이가 은행에 가기 전 설명해 줘야 할 용어는 다음과 같다.

- 이자 : 예금 이자와 대출 이자가 있다. 보통 돈을 예금하면 은행은 그 대가로 예금 이자를 준다. 또 은행은 돈이 필요한 사람에게 빌려 주고 그에게서 대출 이자를 받는다. 예금 이자보다 대출 이자가 더 비싸다. 이 차액으로 은행은 이윤을 남긴다.

- 예금 : 은행에 돈을 넣어 두는 것을 말한다.

- 인출 : 은행에 돈을 맡겨 두었다가 찾는 것을 말한다.

- 현금 자동 인출기 : 은행 카드를 넣으면 돈을 넣고 빼

는 등 기본적인 은행 업무를 볼 수 있는 기계다.

- 은행 카드 : 현금 인출기로 거래를 할 때 필요한 카드다. 비밀 번호를 이용해 현금 인출기에서 24시간 내내 이용할 수 있다.

- 수수료 : 내 통장에서 돈을 꺼내 다른 사람에게 돈을 보낼 때(계좌 송금) 은행이 받는 수고료로 보면 된다. 이밖에 한국 돈을 미국 돈으로 바꿀 때 등도 은행은 수수료를 받는다.

- 대여 금고 : 튼튼한 금속 상자로 은행의 지하실 등에 있다. 돈을 주고 대여 금고를 이용해 보석이나 주식, 유언장, 보험 증권 등을 안전하게 보관할 수 있다.

은행 여행

아이와 함께 평생 잊지 못할 은행 여행을 떠나보는 것도 좋은 방법이다. 은행원의 도움을 받으면 좋지만 그렇지 못하면 부모가 가이드가 돼서 하나하나 설명해 줘도 된다.

- 은행의 바깥 보기

은행 문을 열고 들어가면 대부분 현금 인출기가 있다.

아이에게 이것이 은행의 기본적인 일을 다 할 수 있다는 얘기를 강조하면 좋다.

－경비원을 설명해 주기

은행은 강도가 침입할 수 있는 장소라는 것을 재미있게 설명해 주면 좋다. 그래서 경비원이 항상 있다고 말해줘야 한다. 하지만 아이에게 은행 강도 얘기를 오래하면 바람직하지 않다.

－각 창구 설명하기

은행 창구에서 예금을 넣고 빼는 것을 보여 준다. 또 계좌 이체와 공공 요금 수납 등도 보여 준다. 외국환 창구도 보여 줘라. 기회가 되면 대여 금고나 고객 상담실, 지점장실도 보여 줘라.

－은행을 떠나기 전 설명할 것

은행에는 다양한 상품을 소개하는 광고지가 비치돼 있다. 어떤 금융 상품이 있는가를 광고지를 통해 보고 설명해 준다.

아이들이 은행에서 묻는 질문들

1. 은행에서 통장을 만들려면 얼마가 있어야 하나요?

보통 예금은 1원부터 가능하다. 미국은 은행마다 최저 한도 예금 액수가 있다. 통장을 만들 때 따로 돈을 내는 일은 없다.

2. 통장에 돈을 넣을 때도 돈을 내야 하나?

그런 것은 없다. 하지만 미국은 은행마다 달라 각자 확인해 봐야 한다.

3. 수수료는 어떤 때 내나?

계좌 송금 때 등 특별한 서비스를 받을 때만 약간의 수수료를 따로 낸다.

4. 예금할 수 있는 최저 금액이 있나?

없다. 어린이가 돈을 모아 동전도 예금할 수 있다.

5. 예금한 돈은 언제든지 찾을 수 있나?

월요일부터 금요일까지 은행이 문을 연 시간이면 가능하다. 그러나 현금 인출기를 쓴다면 언제든지 돈을 찾고 넣을 수 있다.

6. 내 통장에 돈이 얼마나 있나 어떻게 알 수 있나?

은행에 가서 통장을 확인해 달라고 하면 잔액과 예금한 날짜, 인출한 날짜가 다 찍힌다. 또 현금 인출기로도 통장을 넣으면 똑같이 확인할 수 있다.

7. 은행은 예금한 돈의 이자를 언제 얼마나 주나?

은행 별로 이율이 정해져 있다. 또 은행은 보통 3개월

마다 한 번씩 따져서 이자를 개별 통장에 넣어 준다. 어떤 상품은 한 달에 한 번씩 이자를 넣어 주는 것도 있다.

  8. 통장을 잃어버렸거나 개가 뜯어서 훼손됐다면 어떻게 해야 하나?

  도장과 신분증을 가지고 은행에 가면 통장을 다시 만들어 준다. 미성년자이면 부모와 함께 가야 하는 경우도 있다.

전자거래 은행

  요즘 은행은 컴퓨터의 발달로 온라인 거래가 많다. 은행에 직접 가지 않아도 컴퓨터에서 전자 인증 번호와 비밀 번호 등만 있으면 24시간 언제 어디서든 은행 거래를 할 수 있는 편리함이 있다. 따라서 현금 인출기보다 더 편리하다. 또 다양한 서비스도 많다.

6

생활 속에서 가르치는
금융 교육

꼭 쓸 데만 쓰는 현명한 소비를 하고 살기란 쉽지 않다.

매일 쏟아지는 광고의 유혹을 피하면서 어떻게 하면 슬기로운

소비 생활을 할 수 있을까? 또 자녀에게는 어떻게 가르칠까?

먼저 자녀에게 '좋은 소비'와 '나쁜 소비'를 구별할 수 있게

설명해 줘야 한다. 책이나 공책과 같이 꼭 필요한 물건을 사는 것은

좋은 소비다. 그러나 가게를 지나가다가 주머니를 톡톡 털어

사탕을 사먹는 것은 나쁜 소비다. 부모와 자녀의 목표는 현명한

소비자가 되는 것이다.

생활 속에서 가르치는
금융 교육

 일상 생활 속에서 금융 교육은 현명한 금전 관리법과
똑똑한 소비자가 되는 법으로 나뉜다. 부모들은 아이들
용변을 가리게 하는 것도 힘든데 이런 것들을 어떻게 일
일이 신경써서 가르치느냐며 고개를 절레절레할 것이다.
하지만 걱정 안 해도 된다. 금융 교육은 일상 생활 속에서
가르칠 수 있는 방법이 많이 있기 때문이다.

 부모가 자녀에게 영향을 주는 것은 두 가지다. 하나는
부모의 무의식적인 행동으로 자녀에게 영향을 주는 것이
다. 또 하나는 어떤 일이 있을 때 의식적으로 아이들에게
교훈적인 이야기를 해줘 영향을 주는 것이다.

 아이들은 부모가 평소에 어떻게 하는지를 다 지켜보고

따라한다. 말투와 몸짓, 돈쓰는 것까지 그대로 흉내를 낸다. 혹시 당신은 슈퍼마켓에 가서 2주일 치 물건을 한꺼번에 사오나, 아니면 매일 필요한 물건을 그때 그때 사는가? 혹시 당신은 차 기름 게이지가 0에 가까워야 주유소에 가는가, 아니면 중간쯤 남으면 주유소에 들러 채우는가?

곰곰이 생각해 보면 당신의 쇼핑법과 주유법은 당신의 부모 방식과 같지 않은가. 대부분 그럴 것이다. 문제는 당신의 쇼핑법과 주유법 등을 아이들도 커서 그대로 따라한다는 것이다. 따라서 아이들의 금전 관리법이나 소비 방식은 부모의 행동을 보고 습득한다는 사실을 항상 염두에 둬야 한다.

또 부모가 아이들에게 의식적으로 교육을 시키는 방법도 있다. 빵을 굽거나 잔디를 깎고 있을 때 아이가 옆에 있으면 기본적인 방법을 아이에게 가르쳐 주고 싶은 마음이 생긴다. 마찬가지로 금융 교육도 매일 벌어지는 일상 생활 중에 자연스럽게 기회를 잡아 가르치는 것이 좋다.

내 친구 얘기가 있다. 크리스마스 연휴 때 아이 세 명과 함께 할아버지 댁에 갔다. 먼 길이라 중간에 식당에 몇 번 들렀다. 그런데 네 살짜리 막내가 식당에서 제일 늦게 나왔다. 집에 와서 아이에게 왜 늦게 나왔느냐고 물었다. 아이는 호주머니에서 동전을 한 움큼 꺼내면서 말했다.

"아빠가 식당에서 나올 때마다 동전을 놓고 나와서 그걸 챙겨 오느라고 늦었어요."

그 아빠는 식당에다 팁을 놓고 나온 것이다. 아이는 아빠의 행동을 오해한 셈이다.

나도 비슷한 경험이 있다. 어느 날 아들 렛과 뉴욕의 슈워츠 장난감 가게에 들렀다. 아이는 비싼 페라리 스포츠카 장난감에 눈길이 가더니 그걸 당장 사내라고 졸랐다. 그렇게 비싼 장난감을 살만한 돈이 없다고 설명해 줬다.

"신용 카드로 사면 되죠."

나는 아들의 말을 듣고 현장 학습의 필요성을 절실히 체험했다. 이처럼 아이들은 부모의 행동을 보고 잘못 해석할 수 있다. 이럴 때 바로 설명해 주면 좋다. 그래야 왜 식당에서 팁을 남겨 둬야 하는지, 왜 신용 카드는 마법의 카드가 아닌지를 이해할 것이다.

소비를 설명해 줘야

아이가 가게에 가서 혼자 과자를 사먹고 온다면 이미 소비자 대열에 낀 셈이다. 따라서 부모는 이 때부터 아이에게 소비 교육을 시켜야 한다. 자신이 스스로 판단하고 결정해 현명하게 물건을 사는 법을 가르쳐야 한다. 사고 싶은 물건은 수도 없이 많다. 아이스크림, 과자, 빵, 사탕, 장난감······.

하지만 아이들이 이런 것들을 한번에 다 살 수 없다는 점을 가르쳐야 한다. 저축뿐 아니라 소비에서도 현명하게 돈을 쓰는 법을 알려 줘야 한다.

돈을 쓸 때는 책임감 있게 신중하게 생각한 다음 어디에 어떻게 쓸지를 결정해야 한다고 가르쳐야 한다. 앞에서 언급했듯이 예산을 짜면 어디에 얼마나 써야 할지 미리 계획된 대로 소비할 수 있다.

사전을 찾아보면 '소비자' 란 자신의 욕구를 채우기 위해 물건이나 서비스를 사는 사람이다. 그런데 나는 여기에서 '현명한 소비자' 를 정의하고 싶다. 현명한 소비자란 예산을 짜고 그 범위에서 돈을 쓰는 사람이며, 원하는 것과 필요한 것을 구별할 줄 아는 사람이다.

예산을 짜는 사람이라도 그것을 지키지 않으면 현명한 소비자가 아니다. 또 물건을 흥정해서 싸게 산다고 해서 현명한 소비자가 되는 것은 아니다.

내 친구 완다는 어느 날 집 근처 가전 매장에서 최신형 아이팟 세일 행사를 보고 서둘러 샀다. 그는 평소보다 50%나 싸게 샀다고 좋아했다. 그러나 그녀는 곧 이사를 갈 예정이다. 따라서 그 때 그녀가 필요한 것은 가재 도구였다. 그녀는 당장 가재 도구를 사야 하는데 필요하지도 않은 아이팟을 산 셈이다. 물건을 싸게는 샀지만 결코 현명한 소비를 했다고 볼 수 없을 것이다. 아이들에게 이런 점을 강조해 주어야 한다. 낭비하는 사람은 아무리 많은 돈이 있어도 소용없다. 무분별하게 금세 다 써 버리기 때문이다.

따라서 아이를 현명한 소비자로 키우는 것은 매우 중요하다. 그러기 위해서는 아이의 경제 지식과 자제력, 판단력을 키워 줘야 한다.

현명하게 돈을 쓰는 법

꼭 쓸 데만 쓰는 현명한 소비를 하고 살기란 쉽지 않다. 매일 쏟아지는 광고의 유혹을 피하면서 어떻게 하면 슬기로운 소비 생활을 할 수 있을까? 또 자녀에게는 어떻게 가르칠까?

먼저 자녀에게 '좋은 소비'와 '나쁜 소비'를 구별할 수 있게 설명해 줘야 한다. 책이나 공책과 같이 꼭 필요한 물건을 사는 것은 좋은 소비다. 그러나 가게를 지나가다가 주머니를 톡톡 털어 사탕을 사먹는 것은 나쁜 소비다. 부모와 자녀의 목표는 현명한 소비자가 되는 것이다.

현명한 소비자란?

한마디로 돈을 현명하게 쓰는 사람이다. 그런데 실생활에서 이렇게 현명한 소비자가 되기란 쉽지 않다.

현명한 소비자가 되는 길

충동 구매를 하지 않고 예산 범위 내에서 소비하는 것이 가장 중요하다. 이를 위해서는 평소 아래 세 가지 준수 사항을 지켜 몸에 익힐 필요가 있다.

1. 사전 조사를 한다

물건을 사러 덜컥 가게에 먼저 들어가지 말아야 한다. 만약 내가 아이팟을 사고 싶다고 하자. 그러면 먼저 인터넷이나 광고 전단지 등을 통해 아이팟의 정상 가격이 얼마인지를 파악해라. 친구나 이웃에게 물어봐도 좋다. 또세일 기간에 파는 가격은 얼마인지도 미리 알아 둬야 한다. 이를 알지 못하고 그냥 가게에 들어가면 상냥한 점원아가씨의 말에 의존할 수밖에 없다.

2. 계획을 세워라

예산을 세우고 그대로 따라야 한다는 말이다. 일 주일,

한 달간 얼마의 돈을 어디에다 쓸 건지 꼼꼼하게 챙겨야 한다. 충동 구매를 하지 않기 위해 반드시 필요하다.

3. 자제력을 키워라

물건을 사러 집을 나서기 전에 사전 조사를 하고 예산대로 쓸 목록을 만들어 가는 훈련을 해야 한다. 더 중요한 것은 가게에 가서 처음 계획대로 쇼핑을 마치고 집에 돌아오는 것이다. 여러 차례 이런 훈련을 반복해서 스스로 자제할 수 있는 힘을 키워야 한다.

현명한 소비자가 되는 4단계 전략

내가 개발한 현명한 소비자가 되는 4단계 전략이 있다.

1단계 : 쇼핑 목록 만들기

집을 나서기 전에 항상 쇼핑 목록을 만들어라. 이번 주에 꼭 필요한 물건과 그렇지 않은 물건을 구별해야 한다. 그래야만 가게에 들어가서 필요하지도 않은 물건을 덜컥 사는 일이 없어진다.

2단계 : 생필품과 비생필품을 분류해라

생활에 꼭 필요한 물건과 그렇지 않은 물건을 구별해서

사야 한다. 만약 가게에 들어갔을 때 갑자기 어떤 물건을
사고 싶을 때 스스로 자문해 봐야 한다. 이 물건은 내가
꼭 필요한 건가 아닌가를 먼저 판단해야 한다. 화장지는
반드시 필요한 물건인가? 예. 사탕 바구니는 반드시 필요
한 물건인가? 아니오. 그렇다면 화장지는 사고 사탕바구
니는 사지 않으면 된다.

3단계 : 광고를 봐라

보통 사람들은 광고를 외면한다. 꼭 그럴 필요는 없다.
신문이나 텔레비전 광고뿐 아니라 전단지 등도 모두 참조
해라. 어디에서 얼마에 파는지 파악하면 좋다. 특히 비싼
냉장고나 매트리스가 필요할 때 광고를 보고 어디서 얼마
에 파는지 알아두면 나중에 쇼핑할 때 매우 중요한 참고
가 된다. 가장 싸게 파는 곳을 찾아내는 희열도 느껴보면
좋다.

4단계 : 목록에 없는 물건을 사지 마라

가게에 들어가서 쇼핑 목록에 없는 물건은 절대로 사지
말아야 한다. 꼭 사야할 것 같은 상품을 보더라도 가게에
오기 전 만든 쇼핑 목록에 없다면 얼른 나와야 한다. 충동
구매를 막는 첫걸음이다. 보통 쇼핑을 마치고 계산대에
다다르면 껌, 건전지, 잡지 등 값싸게 파는 물건들이 많
다. 마케팅 전략에 따라 충동 구매하기 쉬운 상품을 진열

해 놓은 것이다. 이런 유혹에 절대로 넘어가서는 안 된다. 아이들에게도 이런 마케팅 전략을 이해할 수 있도록 설명해 주는 것도 좋다. 쇼핑 마지막 단계에서는 가능한 한 빨리 계산대에 도착해라.

원하는 것과 필요한 것

아이들은 보통 '갖고 싶은 것'과 '꼭 필요한 것'을 구별하지 못한다. 처음에는 자신이 갖고 싶은 것이 꼭 필요한 것이라고 생각한다. 따라서 부모는 이를 구별하는 법을 가르쳐야 한다.
- 꼭 필요한 것 : 매일 생활하는 데 없어서는 안 될 물건
- 갖고 싶은 것 : 산다면 기분이 좋지만 없어도 살 수 있는 물건

게임으로 배우기
가족이 모여 앉아 아빠나 엄마가 어떤 물건을 말하면 아이들이 필요한 것인지, 원하는 것인지를 대답하는 게임이다. 가족이 논쟁을 벌여야 할 일이 많을 것이다.

화장지는 필요한 물건이다. 그러나 대형 텔레비전은 원하는 것이다. 이런 건 아주 쉽다.

그러나 어려운 것도 많다. 컴퓨터는 필요한 것인가 원하는 것인가? 학교 숙제를 하기 위해 인터넷 조사를 하기 위해 컴퓨터를 산다면 필요한 것이다. 하지만 게임을 하기 위해 산다는 것은 원하는 것이다. 어쨌든 컴퓨터가 필요하다면 일반 컴퓨터와 초고속 인터넷 컴퓨터는 어떨까. 일반 컴퓨터는 필요한 것이지만 초고속 인터넷 컴퓨터는 원하는 것이 된다.

이런 양면성이 있는 것은 많다. 운동화는 어떨까. 필요한 물건이다. 그렇다면 스파이더 맨 그림이 있는 운동화는 어떨까. 운동화는 필요하지만 스파이더 맨 그림은 아이들이 원하는 것이다. 자동차도 마찬가지다. 자동차는 필요한 것이지만 비싼 렉서스 자동차는 원하는 것이다. 온 가족이 모여서 이런 논쟁을 하면서 아이들에게 '필요한 물건'과 '원하는 물건'을 구별하는 법을 가르쳐 줘야 한다.

충동 구매 방지법

오프라 윈프리 쇼 같은 곳에 나가면 충동 구매를 하지 않는 법을 가르쳐 달라는 주문을 많이 받는다. 내가 자주 조언하는 내용은 다음과 같다.

눈에 보이지 않게 하기

호주머니에 돈이 있으면 언제 없어지는지 모르게 다 사라진다고 말하는 사람이 종종 있다. 내 업무를 보조하는 비서는 월급을 매주 금요일 현찰로 받는다. 말로는 다음 주 월요일 은행에 넣겠다고 하면서 호주머니에 넣고 다닌다. 하지만 막상 다음주 월요일이 되면 상당액을 이미 써 버려 제대로 저축을 할 수 없다고 호소했다. 그래서 나는 비서에게 돈을 받으면 꼭 필요한 돈 20달러만 호주머니에 넣고 나머지는 서랍에 넣고 다니라고 조언했다. 그 뒤로는 그런 일이 거의 없었다. 이렇듯 사람은 돈을 보면 쓰고 싶은 유혹을 견디기가 쉽지 않다.

일부 심리학자들은 "돈은 권력을 쥔 듯한 기분을 느끼게 해 준다"라고 말한다. 따라서 호주머니에 돈을 가지고 다니는 것은 무의식 중에 원하는 것을 무엇이든 할 수 있다는 생각을 하게 한다. 낭비벽이 있는 사람이 호주머니에 돈을 넣고 다닌다면 실탄이 장전된 총을 가지고 다니는 것과 다를 바 없다. 실탄을 빼 놓는 것이 급선무다.

일기 쓰듯 정리하기

많은 사람들은 호주머니에서 돈이 증발한다고 말한다. 어디다 어떻게 쓰는지 순식간에 몇 만 원, 몇 십 만 원을 다 쓴다고 한다. 이럴 땐 하루 일과가 끝난 뒤 그날 쓴 것을 일기처럼 적는 게 좋다. 품목, 가격, 현금 혹은 신용 카드, 계획적 혹은 충동적.

이렇게 매일 적다보면 자신이 돈을 어떻게 쓰는지 파악할 수 있고 어느 날부터는 스스로 자제할 수 있는 습관도 생긴다.

신용 카드를 냉장고에 넣기

신용 카드를 들고 다니는 것은 뭉칫돈을 호주머니에 넣고 다니는 것과 다를 바 없다. 신용 카드가 있으면 가게에서 충동적으로 물건을 사기 쉽다. 이건 다 빚이다.

나는 오프라 윈프리 쇼에서 이런 사람들은 신용 카드를 냉장고의 냉동실에 넣어 두라고 조언했다.

신용 카드를 냉동고에 넣어 둬도 훼손되지 않는다. 꼭 필요한 물건을 살 때 신용 카드를 녹여서 쓰면 된다. 그러나 성미가 급해서 신용 카드를 전자레인지에 넣거나 헤어드라이어기로 녹이면 쓰지 못하게 된다. 따라서 신용 카드가 녹는 시간 동안 기다리면서 다시 한 번 이 물건을 꼭 사야 하는지를 곰곰이 생각해 볼 것이다.

바꿔 생각하면서 물건사기

온 가족이 에버랜드로 놀러 갔을 때 아이들에게 좋은 교육을 시킬 수 있다. 에버랜드에서 한나절 노는 데 24만원이 들었다고 해보자. 그런 뒤 아이들에게 이 돈을 벌려면 아빠가 며칠을 일해야 하는지 따져보게 한다. 아빠가 하루 일하러 갔다 오면 평균 8만원을 번다고 얘기해 준다. 그런 뒤 우리 가족이 한나절 놀기 위해서 3일간 힘들게 땀 흘려야 한다는 사실을 알려 준다. 더 나아가 아이들의 일 주일 치 용돈으로 바꿔 생각하게 한다. 아이들이 일 주일 동안 집안일을 하고 용돈으로 1만원을 받는다고 치자. 그러면 한나절 가족이 에버랜드에서 놀기 위해서 용돈을 모은다면 꼬박 24일을 일해야 한다는 것도 가르쳐 주면 바람직하다. 아이들에게 쓴 돈을 시간과 노력으로 바꿔서 생각하는 법을 알려 주면 좋다.

아이들이 어떤 물건이나 서비스 가격의 상대적인 가치를 따질 수 있는 힘을 길러 줘야 한다. 그러면 돈에 대한 현명한 판단을 할 수 있는 능력을 키울 수 있다.

또 다른 각도로 생각해 볼 수 있다.

- 에버랜드에서 한나절 놀기 24만원＝장난감 자동차(2만원짜리) 12대

- 에버랜드에서 한나절 놀기 24만원＝햄버거(3,000원짜리) 80개

이를 구체적으로 교육하는 방법은 두 가지다.

첫번째는 물건 가격을 '시간'으로 바꿔 생각하는 습관을 들이게 하는 방법이다. 3만원짜리 비디오 게임을 사려고 한다면 네가 용돈을 다른 곳에는 한 푼도 안 쓰고 꼬박 3주(21일)를 모아야 한다는 점을 강조하면 된다.

두 번째는 물건 가격을 '노동의 양'으로 바꿔 생각하는 습관을 들이게 하는 방법이다. 20만원짜리 아디다스 운동화를 사고 싶어 안달하는 큰 아이에게 아빠가 회사에 나가서 꼬박 3일을 일해야 벌 수 있다는 식으로 설명하는 방법이다. 더구나 3일간 벌어서 아무것도 쓰지 않고 오직 운동화 사는 데에만 써야 한다고 강조해야 한다. 이렇게 하면 아이들은 아빠 엄마에게도 이것은 큰 돈이구나 하는 느낌을 가질 수 있다. 나는 이런 교육을 위해 게임으로 만들었다.

바꿔서 생각하기 게임

목적 : 자녀에게 상대적인 가치를 깨닫게 하는 것

준비물 : 잡지나 신문에 나온 물건 사진, 심판관(부모), 참가자(아이들)에게 줄 연필과 종이

방법 : 심판관이 예를 들어 청바지 사진을 들어 보이면 참가자들은 그 물건을 사기 위해서는 며칠 분의 용돈을 모아야 하는지, 며칠을 일해야 하는지를 말하게 한다.

결과 : 실제 가격을 넘지 않는 범위 안에서 가장 근접한 대답을 한 사람이 이긴다.

비교하면서 물건 사기

쇼핑 전에 사전 조사를 하지 않았다면 가게에 가서 처음 본 운동화를 사려고 할 때 이것이 비싼지 싼지 잘 알 수 없다. 이럴 땐 내가 아는 브랜드 제품을 둘러보고 서로 같은 점과 다른 점을 비교해 보고 사면 좋다. 그러면 처음 본 물건이라도 이 정도의 가격이 적정한지 터무니없는 것인지 구별할 수 있다. 비교하면서 물건 사기를 한마디로 정의하면 '사려는 물건을 두 종류 이상 다른 것과 비교해 공통점과 차이점을 확인하는 것' 이다. 이 개념은 네 살에서 열두 살 사이의 아이에게 교육시키면 좋다. 가게에 갔

을 때 현장에서 이 교육을 시키면 더 좋다.

비교하면서 물건 사기 게임

목적 : 예산 짜기와 비교 쇼핑 법을 가르치기 위한 것

준비물 : 메모장, 연필, 계산기

방법 : 아이들을 가게에 데리고 간다. 예를 들어 2,000원어치 물건을 살 수 있다고 말한다. 그런 뒤 이 예산 범위 안에서 두루마리 화장지와 공책을 사오라고 시킨다.

결과 : 예산 범위 안에서 물건을 사온 아이 중 가장 많은 돈을 남긴 아이가 이긴다. 물건을 사고 남은 돈은 아이에게 줘서 저금하게 만든다.

아이들에게 이런 게임을 하면서 어떤 회사의 제품이 왜 좋고 왜 나쁜지를 설명해 주면 좋다. 또 상품 설명서를 잘 읽고 좋은 상품인지 아닌지를 구별하는 법도 가르쳐 주면 유용하다.

생활 속에서 금융 교육

우리 집은 토요일을 '심부름하는 날'로 정한다. 세탁소에 가서 옷을 찾거나 약국에 가서 약을 사오는 일을 주로

토요일에 몰아서 한다. 이럴 때 아이들에게 심부름을 시켜 동네를 돌아다니게 한다. 부모와 함께 다니면서 동네 가게들을 둘러 볼 수도 있다.

대형 슈퍼마켓에 가서 다양한 물건들을 보면서 아이들에게 신중하게 물건을 사는 법을 가르쳐 주기도 한다. 계산대에서 물건의 바코드를 판독하는 스캐너를 설명해도 좋다. 예를 들어 똑같은 물건을 세 개 샀을 때 스캐너를 세 번 이용하는지 한 번만 이용하고 자판기에서 3자를 치는지 확인하게 시킨다. 또 모니터에 나오는 숫자가 자신이 치러야 할 돈인데 이를 잘 확인하고 지불하라는 얘기도 빼놓지 말아야 된다. 이외에도 생활 속에서 아이들에게 금융 교육을 시킬 수 있는 방법은 다양하다.

주유소

주유소에 들렀을 때 아이에게 신용 카드로 내는 것과 현금으로 계산하는 것의 차이점을 이야기해 주면 좋다. 현금으로 지불했을 때 값을 싸게 받는 곳이 있다면 왜 그런지도 아이와 이야기하면 좋다. 또 휘발유 값이 매일 바뀌고 업체와 지역에 따라 리터당 가격이 다르다는 점을 설명해 준다.

세탁소

세탁소에 들렀을 때 아이에게 옷을 집에서 직접 빠는 것과 이 곳에 맡기는 것을 비교하도록 해 본다. 내 친구 보니는 컨설턴트인데 그는 한 시간을 일하면 10만원을 받는다고 한다. 셔츠 열 장을 집에서 빨려면 한 시간은 족히 걸린다고 한다. 그런데 이를 세탁소에 맡기면 예컨대 2만원이면 할 수 있다고 한다.

따라서 보니는 셔츠를 집에서 빠는 것보다 세탁소에 맡기는 게 훨씬 경제적이라는 판단을 했다고 한다. 아이들에게 이런 방식으로 의사 결정을 하는 방법을 가르쳐 주면 좋다.

수입품과 국산품

부모가 물건을 살 때 내리는 결정을 아이들은 항상 보고 배운다. 따라서 어떤 부모는 수입품은 절대로 안 사는 원칙이 있다면 왜 그렇게 하는지를 아이들과 논의하는 것이 좋다.

수입품은 품질이 좋을 수도 있지만 국산품을 사야 하는 이유를 잘 설명해야 한다. 요즘은 개방화, 세계화 시대이기 때문에 자칫 국수주의를 고집하는 편협한 아이로 키울 수 있기 때문이다. 이럴 때는 국산품을 쓰지 않으면 우리 주변 사람들이 어떤 피해를 보는지를 설명하면 좋다. 수입품만을 고집하면 주변 사람들이 직장을 잃을 수도 있기 때문이라는 얘기를 들려 줘도 된다. 국산품을 우리가 쓰지 않으면 우리 나라 기업이 만든 물건이 잘 안 팔리고 그렇게 되면 직원을 감원해야 되기 때문이라는 설명을 해야 한다. 내가 수입품을 사면 내 주변 사람의 일자리가 없어지고 경제가 어려워진다는 얘기를 들려 줄 수도 있다.

하지만 보통은 세계화 국민으로서 개방된 경제가 더 좋다고 가르쳐야 한다. 소비자 입장에서 개방화되면 더 질 좋은 제품을 더 싸게 살 수 있는 이점이 있다는 것을 강조해야 한다.

쿠폰 게임

목적 : 아이들에게 쿠폰이나 할인권을 효과적으로 쓰는 법을 가르쳐 줄 수 있다.

준비물 : 광고 전단지 등에서 오린 할인 쿠폰

방법 : 사야 될 생필품 중 할인 쿠폰을 골라 주고 아이에게 가게에 가서 물건을 사게 한다.

결과 : 아이가 물건을 산 뒤 계산대에서 할인 쿠폰으로 물건을 사면 이긴다. 이때 할인된 가격만큼 아이가 그 돈을 얻고 저축을 할 수 있게 돕는다.

아이들에게는 신문이나 잡지보다 텔레비전 광고에 더 영향을 받는다. 미국의 어린이들은 하루 평균 텔레비전을 두 시간 30분 시청한다고 한다. 그런데 30분짜리 오락물을 보면 13분은 광고일 정도다. 특히 이런 광고는 주로 아이들을 겨냥해 내보낸다. 장난감이나 콘플레이크, 운동화 등이 아이들을 유혹한다.

텔레비전 광고는 아이들에게 나쁜 소비 습관을 심어 주기 때문에 금지시켜야 한다는 주장도 만만찮다. 그러나 나는 광고를 자녀 교육에 이용하라고 권한다. 누가 무슨 의도로 왜 만들었는지를 아이들에게 알려 주고 설명해 주면 된다.

텔레비전 광고 게임

목적 : 현명한 소비자로 키울 수 있다.

준비물 : 텔레비전 어린이 프로그램과 슈퍼마켓

방법 : 자녀와 함께 어린이 프로그램과 광고를 본다. 아이에게 프로그램과 광고를 구별하게 한다. 광고에 나온 그 상품을 슈퍼마켓에서 사도록 하고 다른 브랜드 제품도 두세 개를 산다. 예컨대 광고한 콘플레이크를 사면 동시

에 다른 브랜드 제품 두 개를 더 산다.

결과 : 세 개의 콘플레이크를 놓는다. 아이에게 눈을 가리고 세 개의 콘플레이크 맛을 보게 한다. 그런 뒤 광고에 나온 제품을 고를 수 있는지를 게임으로 한다. 맞히면 아이가 이긴다.

그런 뒤 텔레비전 광고가 내가 물건을 사는데 얼마나 영향을 미치는지 아이와 논의하면 좋다.

인터넷 구매

아이가 인터넷을 할 수 있다면 옥션이나 이베이 사이트 등을 들어가서 직접 물건을 사보는 것도 좋다. 다른 사람이 이베이 사이트에서 쓰던 물건을 파는 것도 알게 해줘야 한다. 새 장난감과 중고품의 가격이 어떻게 다른지 보여 주는 것도 매우 중요하다. 물건을 사고 팔 때 흥정을 하는 것도 이베이에서는 볼 수 있다. 이베이 사이트에서 아이와 함께 경매 과정을 지켜보면서 물건 값이 어떻게 흥정되는지 설명해 주면 더 좋다.

텔레비전 홈쇼핑

아이와 함께 텔레비전 홈쇼핑을 보면서 토론하는 것도 바람직하다. 홈쇼핑은 쇼 호스트가 물건을 팔기 위해 세상에서 가장 싸게 파는 물건이라고 강조할 것이다. 일반 가게 물건과 어떤 차이가 있는지를 따져볼 수도 있다. 아이와 함께 쇼 호스트가 말하는 것이 진실인지 아닌지를 토론하는 것도 중요하다.

7

세금같이 복잡한 것은
어떻게 설명해야 하는가

나는 가끔 강연 등에 나가서 아이들에게 "세금은 좋은 것이니
나쁜 것이니?" 하고 물어본다. 그러면 아이들은 거의 대부분
나쁜 것이라고 대답한다.

왜 그럴까. 아이들이 뭐를 안다고 세금은 나쁜 것이라는 인식이
그렇게 일찍 박힐까. 바로 부모 영향 때문이다. 평소 집에서
부모들은 부지불식간에 세금이 좋지 않은 것이라는 인식을
드러낸다. 아이들은 이런 영향을 그대로 이어받는다. 내가 몇 차례
언급했듯이 아이들은 평소 부모의 경제적 습관을 이어받는
경우가 많다. 부모가 낭비벽이 있으면 아이들은 낭비벽을 이어받고
짠돌이면 짠돌이 습관을 이어받는다.

세금같이 복잡한 것은
어떻게 설명해야 하는가

어른이 되면 일상화되어 있는 것들 중에 영어 T로 시작하는 것이 많다. 팁(Tipping)과 세금(Taxes), 통행료(Tolls), 티켓(Tickets) 등이다.

아이들에게 이런 것들도 다 설명해 줘야 한다. 돈과 관련해서는 아이들에게 가능하면 솔직하게 다 얘기해 주는 것이 좋다.

앞에서 말했듯이 어떤 아빠가 레스토랑에서 팁으로 동전을 남겨 두자 아이가 그것을 다 챙겨 가지고 나왔다는 에피소드는 시사하는 바가 크다.

지금 아빠 혹은 엄마가 왜 이렇게 했는지를 아이에게 일일이 설명해 주는 것도 중요한 경제 교육 중 하나다.

팁

팁을 주는 것은 아이들이 이해하기 힘든 개념 중 하나다. 특히 한국에서는 팁 문화가 거의 없기 때문에 이를 이해시키기란 쉽지 않다.

팁은 서양에서는 일반화되어 있다. 더구나 이제는 세계화 시대다. 따라서 누구나 팁에 대해 알아두는 것이 도움이 된다.

나는 언니와 성격이 비슷하다. 하지만 팁에 관해서는 의견차가 크다. 레스토랑에서 식사를 하고 나오면서 팁때문에 서로 다투기도 한다. 언니는 항상 너무 많다는 의견이고 나는 너무 적다는 생각이다.

웹스터 사전에는 팁이란 서비스를 받은 것에 대해 약간의 돈으로 성의 표시하는 것으로 돼 있다.

하지만 보통 두 가지 의견이 엇갈린다. 어떤 사람은 식당 종업원이 서비스를 제공하고 감사의 표시로 받는 부수입이라고 생각한다. 또 다른 사람은 팁은 식당 종업원의 주 수입원이기 때문에 서비스를 한 노력의 대가를 충분히 지불해야 한다고 주장한다. 이들은 봉급이 아주 적거나 없는 경우도 있다는 설명이다.

어쨌든 적든 많든 서비스를 받고 성의 표시를 해야 한

다는 것은 모두가 동의할 것이다.

서양에서 전통적으로 팁을 받는 직업

- 웨이터/웨이트리스
- 호텔 벨보이
- 미용실과 이발소 종업원
- 공항의 포터
- 신문 배달부
- 일반 배달부
- 주차 담당자
- 도어맨
- 택시 운전사

그렇다면 아이들에게 팁에 대한 교육을 어떻게 시키면 좋을까. 일요일 밤 가족이 피자를 시켜서 먹는다. 이럴 때 아이들에게 팁 교육을 시키면 좋다. 추운 밤 늦게 배달부가 피자를 가져오는 서비스를 받았을 때 부모가 그에게 피자 값을 주고 약간의 돈(팁)으로 고마움을 표시하는 것을 보여 주면 된다. 주문한 지 10분만에 빨리 도착했다거나 눈보라를 뚫고 왔다는 등의 설명을 곁들여 교육시키면 좋다.

팁을 어떻게 계산해서 얼마를 주는지를 알려 주는 것도 괜찮다. 자신이 받는 서비스를 등급을 매겨 팁을 계산하는 방법도 좋다. 최상, 상, 보통, 형편없음 등으로 구분해 최상과 상은 팁을 좀 더 주고, 보통과 형편없음은 덜 주는 방식이다. 미국 등의 식당에서는 음식값에 보통 15~20%를 팁으로 준다. 따라서 자신이 받은 서비스의 등급에 따라 어떤 때는 20%, 어떤 때는 15%를 주는지 아이들에게 설명해 줘도 유용하다. 어떤 때는 아이들에게 팁을 계산해 보라고 청구서를 보여 주는 것도 좋다. 가족이 함께 식당 등에 갔을 때 이런 계산을 해보라고 하면 된다.

서양에서 주는 팁 사례

- 웨이터/웨이트리스 : 요금 합계액의 15~20%
- 호텔 벨보이 : 짐 한 개당 1달러
- 미용실과 이발소 종업원 : 요금 합계액의 10~20%
- 공항의 포터 : 짐 한 개당 1달러
- 신문 배달부 : 매주 50센트, 크리스마스 때는 20달러
- 일반 배달부 : 요금의 10%
- 주차 담당자 : 1회 1달러
- 도어맨 : 서비스에 따라 적당히. 크리스마스 때는 100달러

택시 운전사 : 요금의 10~15%

세금

나는 가끔 강연 등에 나가서 아이들에게 "세금은 좋은 것이니 나쁜 것이니?" 하고 물어본다. 그러면 아이들은 거의 대부분 나쁜 것이라고 대답한다. 왜 그럴까. 아이들이 뭐를 안다고 세금은 나쁜 것이라는 인식이 그렇게 일찍 박힐까. 바로 부모 영향 때문이다. 평소 집에서 부모들은 부지불식간에 세금이 좋지 않은 것이라는 인식을 드러낸다. 아이들은 이런 영향을 그대로 이어받는다. 내가 몇 차례 언급했듯이 아이들은 평소 부모의 경제적 습관을 이어받는 경우가 많다. 부모가 낭비벽이 있으면 아이들은 낭비벽을 이어받고 짠돌이면 짠돌이 습관을 이어받는다.
이렇게 부정적인 선입관이 있는 세금에 대해 아이들에게 어떻게 설명해야 할까. 6~12세 아이들의 경우 다음과 같이 설명하면 좋다.

세금 : 나라가 세금을 거둬 학교를 짓거나 도로를 내는데 쓰는 돈이다. 또 경찰관과 소방관의 월급도 준다.

세금은 나라의 한 국민으로서 살아가는 데 매우 중요한 의무라는 점을 강조해야 한다. 그리고 나라는 그 세금을 거둬서 개인은 할 수 없는 대규모 사업을 하는 데 쓴다고 말해 주면 좋다. 예를 들어 부동산 재벌로 억만장자인 도널드 트럼프가 아무리 돈이 많다고 해도 개인적으로 학교를 짓고 도로를 내게 할 수는 없다는 점을 강조해야 한다. 세금은 삶의 일부라는 점을 말해야 한다.

세금은 사실 복잡하다. 소득세, 소비세, 부가가치세, 재산세, 법인세, 교육세 등이 있다. 아이들에게 이런 것을 다 설명할 필요는 없다. 하지만 소득세와 소비세는 쉽게 설명할 필요가 있다. 소득세는 아빠 엄마가 일을 하고 월급을 받으면 나라에서 일정 부분 세금으로 거둬가는 것이다. 따라서 아이들에게 아빠 엄마가 월급을 받으면서 세금이 나간다는 사실을 알고 있도록 설명해야 한다. 또 물건을 살 때도 세금을 내고 있다는 사실을 알려 줘야 한다. 장난감을 사면 그 속에는 세금도 일정 부분 들어있다는 점을 설명해 주면 좋다.

앞에서 우리는 아이가 용돈을 받으면 네 개의 그릇(자선용, 필요할 때 쓰기용, 단기 목표 저축용, 장기저축 목표용)에 넣는 교육을 하도록 했다. 여기에 세금 그릇 하나를 더 만들면 아이들 교육용으로 좋다. 세금 그릇은 먼저 아빠 엄마의 소득세율이 얼마인지를 알아서 아이에게 가르쳐 준다. 만약 15%라면 온 가족이 자기가 번 돈 중 이만큼을 세금 그릇에 넣도록 한다. 일 년간 이렇게 모아 가족 합의 하에 이 돈을 쓰면 재미있다. 세금은 아이가 이 사회에 사는 일원으로서 의미를 가지게 한다.

그리고 아이들에게 아래와 같은 질문을 던진 뒤 인터넷이나 도서관에서 해답을 찾아보도록 한다.

– 우리 나라의 소비세는 몇 %일까?

– 우리 나라에서는 햄버거를 살 때도 세금을 내야 할까? 게임기를 살 때는? 옷을 살 때는? 냉장고를 살 때는?

– 우리 학교는 정부가 거둔 세금 중 얼마를 매년 받고 있을까? 우리 나라는 교육세로 얼마를 내야 하나?

– 우리 나라는 세금을 거둬 경찰과 소방관에게 얼마를 줄까?

통행료

가족이 차를 몰고 고속도로를 달릴 때 통행료를 내는 것도 이 돈은 왜 내는지를 아이에게 설명해야 한다. 이 돈은 새로운 도로나 다리를 건설하는 데 쓰거나 유지 보수하는 데 사용한다고 설명하면 된다. 보통은 톨게이트에서 직접 돈을 내지만 어떤 곳은 신용 카드 등으로 자동 결제

되는 시스템도 있다. 이럴 때도 반드시 아이들에게 이 톨 게이트를 지나가면 반드시 통행료를 내는데 신용 카드로 결제된다는 사실을 알려 줘야 한다.

티켓

놀이 공원이나 영화관을 갈 때나 기차, 지하철, 유람선 등을 탈 때 티켓을 산다. 이 때도 아이들에게 티켓을 왜 사는지를 잘 설명해야 한다. 주로 어떤 서비스를 받을 때 돈을 냈다는 증명으로 티켓을 사용한다. 교통 경찰관이 법을 위반했을 때 떼 주는 딱지와 구별하도록 한다. 또 복권과 구별하는 법도 가르쳐 주면 좋다.

8

10대들의
돈 관리 교육법

10대 자녀의 예산 짜기는 어린 아이들의 예산 짜기와 크게

두 가지 점에서 달라야 한다. 먼저 돈을 어디에 어떻게 쓸 것인가

하는 의사 결정은 전적으로 아이의 권한으로 넘겨 줘야 한다.

그리고 아이가 더 상세하고 더 정확한 예산을 짜도록 해야 한다.

지금까지도 아이는 영화를 보고 책 등을 살 때 스스로 결정해서

돈을 썼을 것이다. 하지만 이제부터는 부모가 주는 용돈이든

밖에서 아르바이트를 해서 버는 돈이든 모두 자녀가 관리하도록

전적으로 맡겨야 한다.

10대들의
돈관리 교육법

10대들의 경제 교육은 매우 중요하다.

11~12세 때는 돈의 개념을 확실하게 알아서 훈련을 받아야 한다. 또 13~15세 때는 진지하게 돈을 다룰 줄 알아야 한다. 청소년기 중 특히 중요한 때로 부모들이 가장 역점을 두고 교육시켜야 한다.

16~18세 때는 곧 자립해 떠날 나이로 이에 맞춘 경제 교육이 필요하다.

10대 때는 세 가지를 알아야 한다. 예산 짜기와 은행과 관련 된 것, 주식 투자 등 상급 개념이다.

우선 간단한 테스트가 필요하다. 10대인 당신의 자녀가 돈에 대해 얼마나 정확하게 알고 있는지 다시 한 번 체크

해 봐라. 이는 18~19세 때는 독립해서 나가기 전에 꼭 알아야 할 내용이다.

10대가 자립하기 전에 꼭 알아야 할 내용들

질문	예	아니오
1. 은행에 가서 통장 계좌를 만들 수 있나요?		
2. 저축 수단으로 예금 이외에 다른 것을 알고 있 나요?		
3. 예금 통장 내용을 정확히 설명할 수 있나요?		
4. 한 해 예금 이자가 1만원 이상 되나요?		
5. 신용 카드를 쓰면 수수료로 돈을 더 내야 한다 는 사실을 아나요?		
6. 신용 카드를 쓰고 제때 갚지 못하거나 아예 못 내면 어떻게 되는지 아나요?		
7. 어떤 일이 생겨도 부모 도움 없이 혼자 돈 관리 를 할 수 있나요?		
8. 부모에게 손 벌리지 않고 6개월 동안 살 수 있 나요?		

9. 아파트 임대차 계약서에 어떤 내용이 있는지, 또 전세 계약서에 서명하기 전에 어떤 것을 확인해야 하는지 아나요?

10. 비용을 줄이기 위해 친구와 함께 집을 구한다면 그 사람이 괜찮은지 아닌지 파악할 수 있는 방법을 알고 있나요?

11. 급할 때 돈을 어떻게 마련할 수 있는지 아나요?

12. 신용 카드나 통장을 잃어버렸을 때 어떻게 하는지 아나요?

13. 자동차 사고가 났을 때 보험을 청구하는 방법이나 계약을 새로 변경하는 방법을 알고 있나요.

14. 신용 협동 조합이 어떤 곳인지 아나요?

15. 현금 카드가 무엇인지 아나요?

각 문항에서 예로 대답한 것을 10점씩 준다. 총 점수가 50점 아래면 지금껏 배운 것을 다시 복습시켜야 한다. 60~80점이면 괜찮지만 부모의 도움이 좀 더 필요하다. 90점 이상이면 당신의 경제 자문관으로 써도 좋다.

먼저 알아야 할 인생 스케줄

10대에게 금전 관리법을 가르치기 전에 인생 스케줄을 알아야 한다. 살아가면서 돈이 언제 얼마나 필요한지 아는 것은 매우 중요하다. 그래서 내가 생각하는 인생 스케줄 표를 만들어 봤다. 이것은 자의적임을 미리 밝혀 둔다.

0세 : 탄생
10세 : 자전거 욕망
18세 : 대학 입학
20세 : 자동차 욕망
30세 : 결혼 연령기
30세 : 집 장만하기 욕망
31세 : 첫 아이 낳기
35세 : 아이 교육 필요
38세 : 사업하기
45세 : 부모 봉양
65세 : 은퇴

누구나 서른 살에 결혼해서 서른여덟 살에 사업을 시작해야 한다는 것은 아니다. 하나의 사례일 뿐이이다. 인생 스케줄은 사람마다 다르다. 따라서 인생 목표를 먼저 정하고 이를 실현하기 위해서는 경제적으로 얼마가 있어야 하는지를 알고 있으면 좋다. 아이들에게 스스로 인생 설계를 하도록 격려하는 것이 중요하다. 여기에서 아이들에게 살아가면서 큰 물건을 사야 할 때가 언제인지 파악하도록 하면 좋다. 예를 들어 자동차와 주택을 사려면 인생 스케줄 중 장기 계획을 세워서 실천해야 한다. 10대들은 이런 사실을 반드시 알고 있어야 한다. 그래야 인생을 설계할 수 있다. 마침내는 노후 설계까지 고려할 수 있어야만 한다. 10대들은 이것 이외에 더 큰 욕망이 있을 수 있다. 별장이 필요하다며 이를 인생 스케줄에 넣는다면 격려를 해줘야 한다.

10대의 경제 교육은 어떻게 시작해야 하나

10대라고 해도 보통 열다섯 살을 기준으로 삼으면 좋다. 열다섯살 때까지는 아이가 은행에 저축을 해서 돈이 불어나고 있다면 만족해도 된다. 또 용돈을 네 가지(자선용, 필요할 때 쓰기용, 단기 목표 저축, 장기 목표 저축) 또는 다섯 가지(세금용을 추가)로 쪼개 예산을 짜고 실천한다면 홀

류한 수준에 다다른 것으로 보면 된다. 기본적으로 아이들은 집안일을 하고 부모로부터 용돈을 받아 효율적으로 관리하는 게 중요하다. 이에 앞서 책임감을 가지고 자기 돈을 잘 관리하는 것도 중요하다.

이런 수준이라면 이제 '경제 교육의 대학원 단계'로 넘어가도 좋다. 이런 것을 잘 이행하는 열다섯 살 이상 아이라면 예비 성인으로서 예산 짜기 등을 가르쳐도 된다.

그런데 10대의 예산 문제를 다루기 전에 한 가지 중요한 지출 항목을 생각해야 한다. 바로 대학 학자금이다. 이것은 아이의 예산 문제뿐 아니라 부모인 당신의 예산 문제이기도 하다. 그만큼 인생 스케줄에서 많은 영향을 미치는 중요한 항목이다.

대학 학자금 저축하기

인생에서 단일 항목 중 가장 중요한 것이 대학 학자금이라는 것은 두말할 필요도 없다. 비용 면에서도 집 다음으로 돈이 많이 들어간다.

미국에서 (한국의) 전문 대학과 같은 지역 대학을 간다 해도 연간 2만 달러는 필요하다. 아이비리그라고 하는 유명 대학은 무려 12만 5,000달러에 이른다. 기숙사비나 책 값, 옷값 등은 뺀 금액이라면 더 놀랄 것이다.

아이가 공부를 잘해 장학금 혜택을 받고 대학을 다닌다 고 해도 부대 비용이 훨씬 더 많이 들어간다는 것을 간과 해서는 안 된다. 똑똑한 아이는 그렇지 못한 아이보다 책 을 더 많이 본다. 또 남보다 사고의 폭을 더 넓히려면 여 행도 더 다녀야 한다. 아이가 장학금을 받을 정도로 공부 를 잘 한다고 해서 아이의 대학 교육을 위한 저축을 소홀 히 할 수는 없다는 얘기다.

따라서 대학 학자금을 위한 저축은 빠르면 빠를수록 좋 다. 어떤 가정은 아이가 태어나면서부터 대학 학자금 저 축을 들기도 한다. 하지만 5～6세부터 시작해도 결코 늦 지 않다.

아이가 10대 중반인데 아직도 이런 준비를 하지 않았다 면 어떻게 할까. 스스로 이런 질문을 던져봐야 한다.

"아이가 학교 다니면서 스스로 벌어서 학자금 일부를 충당해야 하지 않을까?"

만약 당신이 "예"라고 대답한다면 아이와 함께 전혀 다 른 관점에서 예산을 다시 짜야 한다.

- 아이가 밖에서 아르바이트로 돈을 더 벌 수 있는 방법 은 없을까?

- 아이가 지금보다도 돈을 더 적게 쓸 수는 없을까?
- 보통 예금 통장에 있는 돈을 빼서 CMA(종합자산관리계좌) 등 다른 금융 상품에 넣어 두면 더 많은 이자가 붙지 않을까?
- 장학금이나 학비 보조금을 받을 수 있는 방법은 없을까?

아무튼 저축을 하든 다른 방법을 찾든 자녀의 대학 학자금을 위한 대비책은 빨리 세우면 세울수록 좋다.

10대를 위한 예산 짜기

10대 자녀의 예산 짜기는 어린 아이들의 예산 짜기와 크게 두 가지 점에서 달라야 한다. 먼저 돈을 어디에 어떻게 쓸 것인가 하는 의사 결정은 전적으로 아이의 권한으로 넘겨줘야 한다. 그리고 아이가 더 상세하고 더 정확한 예산을 짜도록 해야 한다.

그렇다고 아이가 학교를 그만두고 스스로 벌어먹고 살든지 말든지 내버려 두라는 말은 아니다. 내 말은 지금까지 부모의 예산으로 짜서 썼던 아이의 옷값이나 치과 치료비 등 더 많은 생활비를 떠넘기라는 것이다. 지금까지도 아이는 영화를 보고 책 등을 살 때 스스로 결정해서 돈을 썼을 것이다. 하지만 이제부터는 부모가 주는 용돈이든 밖에서 아르바이트를 해서 버는 돈이든 모두 자녀가 관리하도록 전적으로 맡겨야 한다.

자녀가 18~19세쯤 되면 주거비, 식비, 수도료 등을 빼고는 모든 비용을 스스로 벌어서 쓰도록 하는 게 좋다. 부모의 일부 지원은 불가피하더라도 이렇게 생활하는 것을 원칙으로 삼아야 한다. 이 나이 때면 머지않아 독립해 살아야 한다. 따라서 집에서 부모와 함께 살더라도 독립해서 사는 것과 같은 방식으로 훈련을 시키는 것이다.

10대의 예산 짜기는 아이들의 예산 짜기와 기본적인 내용은 같다. 예산 짜기 기본 항목 네 가지(자선용, 필요할 때 쓰기용, 단기 목표 저축용, 장기 목표 저축용)를 골간으로 해서 이를 확장하는 셈이다. 저축의 경우 장기 목표 저축은 긴급한 상황을 제외하고는 절대로 손을 대서는 안 된다는 점을 다시 한번 강조해야 한다.

장기 목표 저축을 2년짜리로 짤 수도 있다. 10대 자녀의 인생 스케줄에서 2년 동안 모은 돈으로 유럽 여행을 할 수도, 자동차를 살 수도 있다. 예산에서 2년간의 저축은 이런 장기적 목표에 따라 짜야 한다.

자선용도 어른스러워진 10대의 뜻에 따라 쓰는 게 좋

다. 어린 아이 때는 고아원에 기부했으나 10대 때는 다른 곳으로 바꾸자고 할 수도 있다. 가출 청소년을 돕는 자선 단체에 기부하자고 하거나, 에이즈 환자 돕기 단체에 기부하자고 할 수도 있다. 이럴 때는 반대하지 말고 10대의 의견을 존중해야 한다. 기부 항목을 더 늘릴 수도 있다. 그렇다면 예산에서 기부 비용을 더 높여 잡도록 격려해 줘야 한다. 10대들은 이렇게 함으로써 스스로 사회적 책임감을 더 느낄 수도 있다.

마지막으로 지출의 변화가 클 것이다. 이 때는 입금 목록과 출금 목록을 적어 보는 게 좋다. 입금 목록에는 용돈, 창고 정리 등 집안일을 하고 특별히 따로 받은 돈, 방학 동안 아르바이트를 해서 번 돈, 할머니나 할아버지가 준 세뱃돈 등이 있다. 출금 목록에는 외식비, 오락비, 교통비, 치약, 팬티스타킹 등을 써 넣어야 한다. 아이가 쓰지는 않았지만 부모가 낸 치과 치료비 등도 빠짐없이 출금 목록에 써 넣어야 한다.

미국의 15세 자녀의 임금과 출금 목록을 참고해 보는 것도 좋다.

입금 목록
- 매주 받는 용돈 주당 15달러(연간 780달러)

- 집안일 하고 특별히 따로 받은 돈 주당 20달러(연간 1040달러)

　- 방과 후 아르바이트 주당 100달러(연간 3600달러)

　- 여름 방학 아르바이트 주당 200달러(연간 2800달러)

　- 할머니 할아버지 세뱃돈 등 500달러

총액 8,720달러

출금 목록

　- 외식비 주당 50달러(연간 1,800달러)

　- 교통비 (연간 500달러)

　- 학용품 및 생필품(연간 1,500달러)

　- 옷값(연간 3,000달러)

　- 오락비(연간 1,500달러)

　- 의료비(연간 500달러)

　- 대학 학자금 적립금(연간 350달러)

　- 저축(연간 1,500달러)

　- 자선용(연간 870달러)

총액 11,520달러

이런 명세표를 보면 입금보다 출금이 2,800달러나 더 많다. 이럴 때 10대 자녀가 아직 책임지기 어려운 의료비 항목 등을 지운다. 그래도 여전히 입금과 출금에 차이가 있다면 자녀와 서로 어떻게 할지를 논의한다. 부모가 용돈을 늘려야 할까, 아니면 자녀가 씀씀이를 줄여야 할까? 아마 양쪽 다 필요할 것이다. 부모가 용돈을 늘려 줄 때는 출금 목록에서 추가로 늘어나야 할 항목을 점검해야 한다. 예를 들어 용돈을 늘리면 그 비율에 따라 저축과 자선용 항목의 지출이 늘어나는지를 체크한다.

대략적인 일 년간의 예산 짜기를 마치면 마지막으로 용돈을 언제 어떤 식으로 줄 건지를 논의해야 한다. 매주 줄 건지, 월별로 줄 건지, 분기별로 줄 건지를 상의해야 한다. 학용품 등은 매주 주는 게 좋다. 하지만 옷값은 일 년에 두 번 주는 게 좋다. 개학하기 전 봄, 가을 두 차례가 좋다. 옷값은 예산 짜기에서 별도로 특별 관리하는 것도 바람직하다. 10대 자녀와 의논해서 옷을 언제 무엇을 살 건지 따로 얘기하는 것이 좋다. 10대 때는 옷값을 둘러싸고 부모와 갈등이 생기기도 한다. 따라서 옷값 예산을 확정한 뒤 이를 지키게 다짐을 받아 놓으면 좋다. 그래야 갑자기 유명 청바지를 사주지 않으면 자살하겠다는 억지를 부릴 수 없게 된다. 10대에게는 자신이 충동적으로 유명 청바지를 사서 다른 데 쓰지 못하는 곤경에 빠져 봐야 한다. 이럴 경우 부모가 지켜보기가 힘들겠지만 절대로 도와 줘서는 안 된다.

"자신이 선택한 일은 반드시 책임이 따른다."

10대 때 가장 중요한 말이다.

영향력 큰 10대 친구들

아이들은 또래의 영향을 크게 받기 마련이다. 유치원에서 아이는 아기가 어디에서 나오는지를 친구한테 듣고 와서 아빠 엄마에게 말한다. 부모가 잘못된 얘기를 고쳐 주려고 해도 듣지 않는 경우가 많다. 또래 친구 말이 옳다고 우긴다. 따라서 돈 씀씀이 등도 또래의 영향을 받게 된다. 좋은 습관이 있는 또래로부터 좋은 습관을 배운다면 더없이 좋겠지만 그 반대라면 또 다른 골칫거리다. 10대 때는 이런 또래의 영향이 훨씬 더 커진다. 부모의 말을 듣지 않고 친구들 말을 따라 행동하기 일쑤이기 때문이다. 하지만 부모의 영향도 아이들에게는 적지 않다. 따라서 아이가 어떤 또래와 어울리면서 영향을 받는지 관찰해 잘못된 것은 고쳐 주는 것도 잊어서는 안 된다.

아이가 옆집을 들먹일 때

"철수네 집은 밤늦게까지 성인 영화를 봐도 된대요. 우리는 왜 못 해요?"

"영이네 집은 아이들에게 허드렛일을 안 시킨대요. 그래도 매주 용돈을 우리보다 더 많이 줘요."

10대 아이들이 이렇게 옆집이나 친구 집을 거론하면서 말을 듣지 않을 때가 있다. 보통 부모들은 "그래 옆집 아저씨보고 아빠라고 하고 살어!"하면서 넘어간다. 10대들에게 이렇게 해서 넘어갈 문제가 아니다. 이들에게는 솔직하게 말해 주는 게 최상책이다. 어떤 때는 우리 집 재산은 얼마나 있고 아빠는 직장에서 어떤 위치에 있다는 것도 다 알려 줄 필요가 있다.

아이와 진지한 대화를 한 시간만 해봐라. 뜻밖에도 아이들은 "사실은 옆집이 하나도 부럽지 않아요"라는 말을 할 것이다. 원하는 대로 돈을 다 준다는 잘 사는 집 애는 버릇이 없다고 말하기도 한다. 솔직하게 아이들과 대화하는 등의 투명성도 10대 아이들의 교육에는 매우 중요하다.

돈을 빌리고 빌려 주는 것

10대 아이들은 돈을 빌리고 빌려 주는 일이 생기게 마련이다. 가족에게 빌릴 수도 있고 친구에게 빌릴 수도 있다. 돈을 빌리고 빌려 주는 과정에서는 반드시 문제가 생길 수 있다. 따라서 아이들에게 미리 돈을 빌리고 빌려 주는 원칙을 세워 줄 필요가 있다.

　가장 중요한 것은 돈을 빌리든 빌려 주든 '내 용돈의 범위 안'에 있어야 한다는 사실이다. 내 능력 범위 밖에 있는 만큼의 돈을 빌리고 빌려 주는 것은 절대 안 된다는 것을 강조해 줘야 한다. 바꿔 말하면 돈을 빌려 줄 때는 이만큼은 안 받아도 내 경제 생활에 문제가 없어야 한다.

　그리고 신용의 중요성을 알려 줘야 한다. 돈을 빌리든 빌려 주든 신용이 있어야 한다는 것이다. 가족이나 친구에게 돈을 빌리거나 빌려 줄 때는 말로 약속을 하게 된다. 하지만 커서는 이런 것을 서류로 내용을 쓰고 서로 빌리고 빌려 준다는 사실을 깨우쳐 줘야 한다.

　아이에게 돈을 빌리고 안 갚을 수도 있다는 점을 알려 주고 그러면 그 다음에 무슨 문제가 생기는지를 말하게 해야 한다. 만약 돈을 안 갚으면 그 다음부터는 절대로 돈을 다시 꿀 수 없다는 사실을 알려 줘라.

　돈을 빌리고 빌려 줄 때는 아래 세 가지 요소가 오간다는 것을 아이와 함께 얘기해 보자.

– 얼마를 꾸길 원하는데?

– 왜 필요한데?

– 언제 갚을 건데?

따라서 아이들에게 돈을 빌리거나 빌려 줄 때는 '갚을 계획'과 '받을 계획'을 세워야 한다는 점고 알려 줘야 한다. 반드시 자신이 짠 스케줄대로 돈을 갚고 돈을 받아야 신용이 생긴다는 점을 일깨워 줘야 한다. 이를 어기면 다음부터는 신용 사회에서 살 수 없기 때문이다.

이보다 더 중요한 것은 친구와 돈 거래를 할 때 어떤 마음가짐이어야 하는지를 강조해야 한다. 돈 거래와 우정 관계는 완전히 다르다는 사실을 머릿속에 심어 줘야 한다. 좋은 친구이지만 돈을 제때 안 갚는 무책임한 친구일 수도 있다는 점을 강조하라는 것이다.

그리고 돈을 빌리고 빌려 줄 때는 이자가 있다는 점을 알려 줘야 한다. 10대 자녀가 갑작스럽게 돈이 필요하다고 할 때 돈을 꿔 줄 수도 있다. 하지만 합리적인 선에서 이자를 붙여서 갚도록 하는 게 좋다. 실생활에서는 어디에서 돈을 빌리든 반드시 이자를 치른다는 점을 인식시켜 줘야 한다. 이렇게 자녀로부터 받은 이자 돈은 가족들의 여름 휴가비 등으로 따로 모아 쓰면 바람직하다. 하지만 여기에서 중요한 것은 친구들에게 돈을 빌려 줄 때는 이자를 받아서는 안 된다는 것이다. 아이들 간에 서로 이자를 주고받으면 이런 저런 부차적인 문제가 많이 생기기 때문이다.

신용 카드의 세계

10대가 되면 웬만한 기본적인 은행 이용법은 다들 알고 있다. 그러므로 이제는 신용 카드에 대해 알아 둘 필요가 있다.

신용이란 신뢰받고 있다는 뜻의 라틴말 '크레디투스(Creditus)'에서 유래됐다. 어떤 사람이 당신에게 돈을 빌려 주는 것은 약속된 때에 갚을 것이라는 믿음이 있기 때문이다. 이런 믿음은 아무나 갖는 권리가 아니다. 신용이 있는 사람만이 가질 수 있는 특권이다. 이런 신용은 거저 생기는 것이 아니다. 평소에 내가 신용이 있음을 증명해야 한다. 은행에서 돈을 빌렸다면 약속한 날 제때 갚아야 신용이 쌓인다. 그렇지 못하면 은행에서 발급하는 신용 카드를 가질 수 없다. 은행은 신용 카드를 발급할 때 그 사람의 과거 돈거래 내역을 다 살펴본다. 빌린 돈을 제때 갚았는지, 월급은 얼마를 받았는지 등 과거의 행적을 다

알아 본 뒤 믿을 만 해야 신용 카드를 준다. 신용 카드로
는 먼저 물건을 사고 나중에 은행에 돈을 갚는다. 은행은
당신에게 나중에 반드시 갚을 것이라는 신뢰를 하고 있는
셈이다. 하지만 여기에는 수수료(이자)가 붙는다는 사실
도 알아야 한다. 은행에서는 신용 카드 말고도 집을 담보
로 돈을 빌려 줄 수도 있다. 모두 신용이 있는 사람만이
가능하다.

이런 신용 카드는 백화점에서 발급하기도 한다. 백화점
은 신용이 있는 사람에게 카드를 발급해 주고 물건을 산
뒤 나중에 갚을 수 있게 해 준다. 특히 비싼 물건을 샀을
때 이를 할부로 나눠서 조금씩 갚을 수 있도록 한다. 예를
들어 70만원짜리 소파를 샀을 때 백화점 측은 10개월 간
나눠서 갚도록 한다. 그러면 물건을 산 사람은 한달에 7
만원에 이자를 포함한 비용을 치를 수 있다. 이렇게 매달
갚는 돈은 할부금이 된다. 모두 신용이 있는 사람만이 가
능하다. 이렇게 귀에 못이 박히도록 신용의 중요성을 여
러 차례 강조해 줘야 한다.

반대로 우리는 신용을 줄 수도 있다는 점을 알려 줘야
한다. 예를 들어 나라에서 발행하는 국채를 샀다고 해보
자. 그러면 당신은 나라가 나중에 이자를 포함해 돈을 제
때 갚을 것이라는 믿음이 있어 빌려 주는 것이다. 이렇게

신용은 받을 수도 있고, 남에게 줄 수도 있다.

하지만 신용 불량이 되면 경제 생활을 하는 한 언제든지 어두운 그림자처럼 따라다닌다는 점을 반드시 강조해 줘야 한다.

월 말이 되면 한 달간 신용 카드를 얼마나 썼는지가 적혀 있는 명세서가 집으로 온다. 아이와 함께 이 명세표를 놓고 점검할 필요도 있다. 내가 한 달 동안 산 물건은 어떤 것들이었는지, 값이 제대로 청구됐는지, 수수료는 얼마나 붙는지를 자녀와 함께 꼼꼼히 따져 보는 것도 좋다.

주식 시장의 세계

은행과 신용 카드 이외에 10대들이 미리 알 것 중 중요한 것은 바로 주식 시장이다. 주식 시장은 일반인이 유망한 회사에 투자를 해서 돈을 벌 수 있도록 마련한 것이다. 반면 기업은 주식을 발행해 얻은 자금으로 사업을 확장하는 데 쓸 수 있다. 10대들에게 이런 주식 시장을 어떻게 설명하면 좋을까.

주식 : 어떤 회사의 '한 조각'을 샀다는 증명서

회사가 발행한 이 주식을 가지고 있는 사람을 주주라고 한다. 이런 주식들을 거래하는 곳이 주식 시장이다. 증권 회사는 주식 거래를 중매해 주는 역할을 한다.

주식 투자는 저축과 같은 원리다. 따라서 저축한 돈의 일부(20% 정도)를 주식 투자하도록 도와 주는 것도 좋다.

주식을 직접 사기

자녀와 함께 증권 회사에 가서 주식을 산 뒤 이를 지켜 보는 것은 재미도 있다. 주식이 매일 오르고 내리는 것을 자녀와 함께 보면 마치 스포츠 경기를 보는 듯한 희열도 있다. 그런데 주식을 살 때는 아이가 좋아하는 회사를 고르도록 한다. 그래야 더 관심을 보인다.

아이가 어떤 회사의 주식을 살지 결정하는 데 도움을 주는 질문이 있다.

– 내가 좋아하는 운동화를 어떤 회사가 만드나?

– 내가 좋아하는 비디오 게임과 장난감을 어떤 회사가 만드나?

– 내가 좋아하는 콘플레이크를 어떤 회사가 만드나?

– 내가 최근 재미있게 본 영화는 어떤 회사에서 만드나?

– 내가 좋아하는 CD는 어떤 회사에서 만드나?

- 내가 좋아하는 쇼핑 센터는 어디인가?
- 내가 좋아하는 식당은 어디인가?
- 내가 좋아하는 차는 어떤 회사에서 만드나?

자녀와 이런 질문을 하다 보면 몇몇 회사의 이름이 나온다. 그러면 이들 회사 중 상장된 기업을 고르면 된다. 상장된 회사란 일반인이 주식을 살 수 있는 기업을 말한다. 회사 중에는 상장하지 않은 기업도 많기 때문이다. 웬만큼 알려진 기업은 대부분 상장돼 있다. 신문이나 인터넷에서 보면 어떤 기업이 상장돼 있는지를 금방 알 수 있다. 그런 다음 증권 회사에 가서 계좌를 개설한다. 은행에 가서 통장을 만드는 것과 비슷하다.

미성년자들은 부모와 함께 가서 만들거나 부모가 대신 아이들 이름으로 계좌를 만들어 줘야 한다.

주식은 보통 10주 단위로 사고 팔 수 있다. 따라서 한 주당 1만원이라면 10만원 이상이 필요하다. 증권 회사는 이렇게 주식을 사주고 수수료도 약간씩 받는다. 주식을 직접 사고파는 과정을 자녀들이 함께 참여할 수 있도록 유도하는 것이 바람직하다. 그리고 신문이 오면 자신이 산 주식이 어떻게 됐는지를 보고 함께 이야기 하면 좋다. 신문에 난 주식 시세표는 하루 전날 종가로 표시된다.

내가 산 주식 시세표를 보는 법 (중앙일보 2008년 12월 4일자 신문)

종목	종가	전일비	거래량(천주)
삼립식품	7000	▲ 80	4438

- 종목 : 내가 산 주식

- 종가 : 마지막으로 끝난 가격

- 전일비 : 12월 4일 신문에 난 시세표는 3일 거래된 가격이므로 그 전날인 2일 거래 가격보다 얼마나 오르고 내렸는지를 표시하는 것이다. 삼립식품은 이날 80원 올랐다는 표시다.

- 거래량 : 3일, 이 주식이 거래된 주식 수로 단위가 천주이기 때문에 총 443만 8,000주가 된다.

이 외에도 경제 신문에서는 시가(처음 시장이 열렸을 거래된 가격)와 최고가(그날 최고 비싸게 거래된 가격), 최저가(그날 가장 싸게 거래된 가격) 등이 표시되기도 한다.

주식 시장은 어떻게 움직이나

주식은 18세기부터 활발히 거래됐다. 사람들이 길모퉁이에 모여서 물건을 거래할 때 주식을 사고팔았다. 18세기 후반에는 주식중매인들이 뉴욕 시내의 나무 아래 모여서 주식을 거래했다. 1792년에 마침내 한 장소에서 주식을 거래할 수 있는 미국의 뉴욕 증권 거래소가 생겼다. 한국은 1956년 증권 시장이 처음 생겼다.

기업이 발행한 주식 거래도 상품과 똑같다. 예컨대 상점에 바나나가 많은데(공급 과잉) 사람들이 이를 잘 사지 않는다(수요 부족)면 가격은 떨어진다. 반대로 바나나는 적은데(공급 부족) 사려는 사람은 많을 때(수요 초과)는 가격이 오른다. 경제학의 기본 원리대로 주식도 수요와 공급에 따라 가격이 결정되는 것이다. 어떤 회사가 이익을 많이 내고 앞으로도 유망하다면 많은 사람들이 그 주식을 사려하고 당연히 값이 오른다. 하지만 그 회사가 이익을 내지 못하고 앞으로 더 어려워질 전망이라면 그 주식을 사려는 사람이 없고 당연히 값은 떨어진다.

펀드

주식 시장은 하루하루 변동 폭이 커 매우 위험하다. 개인이 투자 수단으로 직접 주식을 사면 많이 잃기 쉽다. 따라서 이런 위험을 피하기 위해 전문가가 수수료를 받고 대신 투자해 주는 간접 방식이 있다. 이를 흔히 (뮤추얼) 펀드라고 한다. 이런 펀드는 종류에 따라 주식뿐 아니라 채권에도 투자하는 등 다양하다. 어떤 펀드는 우량한 대

형 주식(블루칩)에만 투자하는 것이 있다. 또 어떤 펀드는
에너지 관련 주식에만 투자할 수도 있다. 개인은 이같이
다양한 펀드의 종류를 보고 어디에다 투자할 것인지를 판
단한다.

이렇게 간접 투자 방식인 펀드에 들면 전문가가 운용하
기 때문에 개인이 직접 투자하는 것보다 위험이 적다. 또
개인은 적은 돈으로 투자를 하지만 이를 모아 펀드를 조
성하기 때문에 대규모로 투자해 이득을 낼 수 있는 장점
도 있다. 특히 펀드는 주기적으로 운용 보고서를 가입한
사람들에게 보내 준다. 내가 투자한 돈이 어디에 얼마나
들어갔고, 현재 얼마의 이익과 손실이 났는지를 자세하게
알려 준다. 따라서 아이들과 이 펀드 운용 보고서를 놓고
투자에 대한 관심을 끌 수 있도록 토론하면 좋다. 아이에
게 저축과 달리 투자를 할 때는 돈을 잃을 수도 있다는 점
을 강조해 줘야 한다. 또 투자는 내 책임 하에 결정해야
한다는 점도 알려 주는 것을 잊지 말아야 한다.

9

부모가 자녀에게
꼭 말해 줘야 할 것들

"엄마가 죽으면 나와 렛은 어떻게 되지?"
나는 이 말을 듣고 깜짝 놀랐다. 내친김에 유언장 얘기를 해줬다.
그런 일이 벌어지면 너와 남동생을 돌봐 줄 사람이 있다고
안심시켰다. 또 그런 내용을 다 써서 유언장으로 남겼다고 잘
설명해 줬다. 집에 돌아와서는 그 유언장을 보여 주었다. 딸아이는
글을 읽을 줄 몰랐다. 하지만 유언장을 보고는 엄마가 죽더라도
고아가 돼 길거리에서 구걸하지 않아도 된다는 생각에 안심하는 것
같았다. 이렇게 부모가 아이들에게 자연스럽게 유언장 이야기를
할 수 있는 기회가 오면 좋다.

부모가 자녀에게
꼭 말해 줘야 할 것들

식탁에서 자녀들과 돈에 대해 얘기하는 것을 꺼리는 가정이 아직도 많다. 이는 옛날 사고 방식이다. 21세기에 사는 요즘 아이들과 돈에 대해 많은 대화를 해야 한다. 왜냐하면 인생에서 돈은 매우 위험한 면이 많기 때문이다. 돈은 무분별하게 쓰다가 파산 등 중대한 위험에 빠질 수 있다. 돈 관리를 제대로 못하면 개인 파산으로 극단적으로는 집까지 날리고 길거리에 나앉을 수도 있다.

그런데 당신은 현재의 재정 상태를 자녀들에게 이야기할 수 있는가?

당신은 "애들과 상관없는 일" 혹은 "가족보다는 개인적인 일"이라며 말하길 거북스럽게 생각하지 않는가? 아이들에게 굳이 그런 말까지 할 필요가 있을까 생각하는 건 당연하다. 은행에서 미납 통지서가 날아 온 것을 아이들에게 숨기고 싶어 할 것이다. 또 은행에서 집을 담보로 가까스로 돈을 융자받았다는 사실을 아이들에게 알려 주고 싶지 않을 것이다. 하지만 10대가 된 자녀들이라면 그 애들을 위해서라도 알려 줘야 할 것들이 있다.

재정 문제에서 부모가 아이들에게 꼭 알려야 하는 것은 뭘까? 부모가 준비해 놓고 있는 미래에 대한 금융 거래 내용이다. 특히 부모가 예기치 못하게 사망했을 때를 대비해 놓은 것들이다.

'연간 소득이 얼마인지', '집세가 얼마인지', '집을 담보로 융자를 받았는지' 등은 아이들에게 가르쳐 주든 말든 상관없다. 하지만 부모(아빠 혹은 엄마)가 미래를 내다보고 자녀를 위한 보험 등을 들었다면 그것은 꼭 가르쳐 줘야 한다.

유언장이 필요해

보통 사람은 유언장 쓰기를 께름칙하게 생각한다. 아이들에게도 유언장 얘기를 하면 당황하거나 놀라기 일쑤다.

하지만 그럴 필요가 없다. 유언장은 당신의 자녀를 위한 서류 중 가장 중요한 문건이기 때문이다. 유언장은 당신에게 갑작스런 일이 생겼을 때 재산을 어떻게 처분할지를 밝힌 서류다. 또 자녀들이 성인이 될 때까지 어떻게 돌봐주었으면 좋겠다는 내용이 들어 있다. 마지막으로 유언 집행자를 지명한다. 이렇게 중요한데도 미국인 가운데 세 명 중 두 명은 유언장을 남기지 않고 죽는다. 당신이 어느 날 갑자기 유언장 없이 사망한다면 남은 자녀들은 재산상 큰 어려움에 빠질 수도 있다. 어린 아이들을 누가 어떻게 돌봐달라고 하지 않는다면 그 애들은 큰 곤경이 닥칠 수도 있다.

따라서 유언장을 언제 어떻게 쓰고 아이들에게는 언제 어떻게 알려 줘야 하는지 알아 둬야 한다.

유언장은 아이가 태어나자마자 써 둬도 괜찮다. 만약 둘째아이가 태어났다면 첫째아이 때 써 놓은 유언장을 다시 고쳐야 한다.

아직도 유언장이 없다면 지금 당장 쓰는 게 좋다.

우리 나라 민법에는 유언의 방식은 '자필 증서(내용을 스스로 작성해 서명 날인하는 것), 녹음(음성으로 기록해 남기는 것), 공정 증서(유언의 취지를 설명해 공증인이 필기해 낭독하는 것), 비밀 증서(유언 내용을 봉인해 공증인 등에 제출하는

것),구수 증서(질병 등으로 몸이 불편할 때 말로 설명하는 것)
의 다섯 종으로 한다' 라고 되어 있다.

자필 증서는 증인이 필요 없고, 녹음 유언은 증인이 1
인 필요하다. 공정 증서는 증인이 2인 필요하다. 또 비밀
증서와 구수 증서는 증인이 두 명 이상 있어야 한다. 미국
의 경우 변호사가 유언장을 써주고 약 500달러를 받는다.
유언장을 작성한 뒤 5년마다 변호사와 상의해 수정해야
한다. 자녀가 새로 태어나거나 집 등을 사 상황이 바뀔 수
있기 때문이다.

유언장에 써둬야 할 것

- 유언집행인을 정하는 게 중요하다. 당신의 유언 내용
대로 실행해 줄 믿을 만한 사람을 골라야 한다.

- 부부가 동시에 사망했을 때를 생각해 내용을 쓴다. 부
부가 함께 이 문제와 관련해 진지한 상의를 해보는 게 좋
다. 누가 후견인이 돼서 자녀들을 돌볼지를 이야기해야
한다. 큰 아이와 함께 결정하는 것도 좋다. 그런 뒤 후견
인이 될 사람과 상의해야 한다. 사정이 있어서 못할 사태
가 벌어질 수도 있기 때문이다. 유언장이 없으면 법원이

가까운 친인척 중에서 자녀들의 후견인을 정하기도 한다.

　- 자녀들의 양육비 문제를 써 놔라. 유산이나 생명 보험금 등을 확인해서 써 놔야 한다.

　- 재산 분배를 어떻게 할 것인지 써 놔야 한다. 변호사와 상의하는 게 좋다. 자녀가 성인이 됐을 때 한꺼번에 받는 방법도 있다. 또 몇 년간 분할해서 받도록 할 수도 있다.

아이들에게 유언장을 어떻게 얘기해야 하나

　자녀에게 유언장의 내용을 알려 주는 것은 기분 좋은 일은 아니지만 다른 한편으로는 정말 가치 있는 일이다. 아이들에게 부모에게 갑작스런 일이 생겨도 돌봐줄 수 있는 사람이 있다면 안심할 것이기 때문이다. 4~5세 아이들에게 이런 유언 내용을 알려 준다 해도 놀라지 않을 것이다. 이 때 나이만 돼도 죽음에 대해 흥미를 느끼고 이것저것 많이 물어본다.

　아이들은 동화책에서 어릴 때 부모를 여의고 온갖 어려움을 겪는 이야기를 많이 듣고 크기 때문이다. 의붓어머니로부터 구박받는 신델레라를 생각해 봐라. '골디락스와 곰 세 마리'라는 영국 전래 동화도 비슷하다. 헨젤과 그레텔도 마찬가지다.

따라서 아이들에게 유언장 이야기를 해주면 생각보다 더 관심을 보일 수 있다. 아빠 엄마가 죽으면 어떡하나라며 무서워하는 아이라면 부모를 대신해서 사랑해 주고 길러 줄 다른 사람이 있다는 점을 강조해야 한다. 너희들을 위해 미리 돈도 다 마련해 놓고 있다고 말해 주면 좋다.

하지만 자녀가 어리다면 좀 조심스럽게 말해 줄 필요는 있다.

나는 자연스럽게 아이들에게 유언장 이야기를 해 줄 수 있는 사건이 있었다. 농장을 하는 여동생 앨리슨이 가까이 살았다. 내 딸 카일이 네 살 때인 어느 날 앨리슨 농장의 암말이 새끼를 낳고 죽었다. 그래서 우리는 갓 태어난 말의 유모가 되어줄 말을 찾으러 여기저기 찾아다녔다. 그 때 내 딸 카일은 눈물을 글썽이며 이렇게 말했다.

"엄마가 죽으면 나와 렛은 어떻게 되지?"

나는 이 말을 듣고 깜짝 놀랐다. 내친김에 유언장 얘기를 해줬다. 그런 일이 벌어지면 너와 남동생을 돌봐 줄 사람이 있다고 안심시켰다. 또 그런 내용을 다 써서 유언장으로 남겼다고 잘 설명해 줬다. 집에 돌아와서는 그 유언장을 보여 주었다. 딸아이는 글을 읽을 줄 몰랐다. 하지만 유언장을 보고는 엄마가 죽더라도 고아가 돼 길거리에서 구걸하지 않아도 된다는 생각에 안심하는 것 같았다. 이렇게 부모가 아이들에게 자연스럽게 유언장 이야기를 할 수 있는 기회가 오면 좋다.

7세 이하의 아이에게는 유언장 내용을 자세히 설명할 필요는 없다. 이런 나이의 아이들은 누가 부모를 대신해 길러 줄 것인지, 어디에서 살게 될 것인지를 주로 궁금해 하고 물어본다.

이런 아이들에게 유언장을 어떻게 설명할까?

유언장 : 아빠 엄마가 갑자기 사망해도 누가 어떻게 우리들을 돌봐 줄 것인가를 써 놓은 종이

당신 부부가 일이 있어 아이를 이모 집 등에 잠시 맡겨 놓을 수 있다. 이럴 때 아이들에게 아빠 엄마가 집을 비우면 누가 잘 돌봐줄지를 항상 생각하고 있다는 점을 가르치면 좋다. 유언장도 이런 종류의 대비책이라는 점을 알려 주면 된다.

초등 학생에게는 유언장을 어디에 뒀는지를 알려 줘도 괜찮다. 10대 자녀에게는 유언장 내용을 자세히 설명해 줘야 한다. 특히 동생이 있으면 형이나 오빠(누나나 언니)

로서 어떤 책임이 있는지를 언급하면 더 좋다.

보험을 어떻게 설명해야 할까

생명 보험은 여러 보험 중 하나다. 하지만 이것은 유언장과 매우 흡사하다. 부모에게 어떤 좋지 않은 일이 일어났을 때 아이들을 돌봐줄 수 있는 경제적인 힘이 돼 주기 때문이다.

아이들에게 보험을 설명하기란 쉽지 않다. 하지만 인생에서 아주 어려울 때 금전적으로 도움을 받을 수 있는 것이 보험이라는 것을 가르쳐 줄 필요가 있다.

- 9세 미만 아이들에게

보험 : 사고 등 뭔가 좋지 않은 일이 생겼을 때 보험 회사가 돈을 주기로 약속한 것

- 9~18세 아이들에게

보험 : 사망, 화재, 도난 등의 재난을 겪었을 때 그 손실을 보상받기로 하고 평소에 보험 회사에 돈을 내는 것

보험의 종류는 다양하다. 휴대 전화 보험도 있다. 평소이 보험에 가입하면 휴대 전화를 잃어버렸을 때 돈으로

보상해 준다. 특히 생명 보험을 가입하고 사망하면 많은 돈이 나온다는 점을 알려 줘도 좋다. 아이들이 아빠 엄마가 사망해도 경제적으로 도움을 줄 것이라는 안도감을 가질 수 있기 때문이다.

아이들이 예산을 짤 때 10대까지는 보험 항목을 넣을 필요는 없다. 하지만 보험에 대해 설명할 필요는 있다. 보험은 평소 아무 일 없을 때 어려움을 생각하고 미리 대비하는 일이라는 점을 강조해야 한다. 지금은 건강하지만 암 등 치명적인 병에 걸렸을 때를 미리 생각해 보는 시간을 자녀와 함께 가지면 좋다. 병에 걸렸을 때 보험 회사에서 많은 치료비를 대주는 것은 평소에 돈을 조금씩 냈기 때문이라는 사실을 아이들에게 가르쳐 줘야 한다. 자동차 보험도 마찬가지다. 내가 사고를 냈을 때 보험 회사에서 큰 보상을 해주는 것은 평소에 돈을 조금씩 냈기 때문이라고 설명해 줘야 한다.

특히 10대 아이들에게는 보험 증서가 어디에 있는지, 어느 대리점에서 가입했는지, 얼마짜리인지를 평소 알려 주는 것도 좋다. 실제 일을 당했을 때라도 크게 당황하지 않고 일을 처리할 수 있는 바탕이 된다.

자녀를 위한 신탁 기금

우리 나라에서는 흔치 않은 신탁 기금은 자녀를 위한 몫으로 재산이나 돈을 맡겨서 운용해 달라고 하는 것이다. 신탁 은행은 정해진 계약에 따라 수익을 내고 이를 수혜자인 자녀들에게 분배한다. 신탁 기간이 끝나면 그 재산도 자녀들 몫이 된다. 부모에게 예기치 못한 일이 생길 것을 대비해 생명 보험과 함께 고려해 볼 수 있는 금융 상품이다. 신탁 기금은 재산이 많은 부자들을 위한 것이었으나 요즘은 보통 사람들도 많이 이용한다. 예를 들어 자녀가 18세가 되는 해부터 분배금을 받는 대학 진학용 신탁 기금도 있다. 신탁 기금도 배우자나 큰 아이들에게는 평소 이야기해 줘야 한다. 자녀가 지정한 나이가 이르지 않았을 때 부모에게 불의의 사고가 발생했을 때는 유언집행인이 신탁 운용을 감시한다.

평소 가족들에게 얘기해야 할 것들

2001년 미국에서 9.11테러 사건이 터진 뒤 많은 유가족들은 큰 슬픔에 잠겼다. 슬픔도 잠시, 이들은 고인이 생

157

전에 어디에 얼마만큼의 빚과 재산이 있는지 도무지 알
수 없어 크게 당황했다고 한다. 이런 일은 흔히 있는 일이
다.

따라서 평소 각종 경제 활동과 관련한 기록을 남기는
것이 중요하다. 통장은 몇 개나 있고 대출은 얼마나 받았
으며, 내가 받을 돈은 얼마나 되는지를 항상 기록으로 남
겨야 한다. 간단한 영수증도 모아두면 좋다. 이같은 기록
들은 어느 방 서랍에 있는지 어떤 비밀 금고에 있는지를
부부간에도 서로 알고 있어야 한다. 자녀가 좀 컸다면 평
소에 이런 금융 거래 기록을 보관한 장소를 알려 주는 것
도 바람직하다.

당신이 없을 때 가족이 보면 좋은 서류들
- 미지불된 각종 청구서
- 은행 예금 통장
- 주권이나 채권
- 은행, 증권 회사 거래 보고서
- 보험 증서
- 토지, 가옥 등기증
- 차량 등록증
- 건강 보험증

- 유언장
- 보유 자산 일람표

기타 알려 주면 좋은 것들

- 금고 등 중요한 열쇠
- 은행, 증권 회사, 보험 회사 등 거래 금융 기관 주소록
과 연락처
- 보석 등 귀중품 보관 장소
- 지인들 주소록

이런 것들을 집안의 금고나 서랍, 근무지 서랍 등에 넣어 두었다면 괜찮다. 유족들이 나중에 충분히 찾을 수 있기 때문이다. 하지만 그 외의 장소에 이런 것들을 비밀리에 두었다면 누군가에게는 반드시 알려 줘야 한다.

숨겨둔 재산은 어떻게 할까

여기서 잠시 생각해야 한다. 집안 어디 나만 아는 장소에 돈을 숨겨 두지 않았나? 비싼 보석이나 채권 등을 어디에다 감춰 두지는 않았나? 친척이나 친구에게 돈을 빌려 주지는 않았나?

이런 것들도 유언에 따라 자녀들에게 상속될 수 있다.

가족들에게 밝히기를 꺼려한다면 목록을 만들어 서랍이
나 비밀 금고에 슬쩍 끼워 놓는 것도 좋다. 아니면 유언장
에 끼워 둬도 괜찮다. 구체적으로 숨겨둔 재산 목록을 어
떻게 처리하라고 써 놔도 된다.

가족의 위기가 생겼을 때

부모의 사망뿐 아니라 이혼 등 다른 위기가 발생했을
때 자녀는 감정적으로나 금전적으로 어려움을 겪을 수 있
다. 이런 위기가 닥칠 것을 대비해 평소에 자녀들과 많은
대화를 나눠야 한다.

이혼
요즘 이혼은 흔하다. 통계에 따르면 이혼은 돈 문제 때
문에 가장 많이 일어난다고 한다.

아이들에게는 부모의 이혼이 평생 씻지 못할 큰 상처로
남는다는 것이 아동심리학자들의 설명이다. 이같이 이혼
의 상처는 아이들에게 돈과 관련이 있는 것이다. 이혼을
하게 되면 보통 아빠보다는 엄마가 자녀를 돌보게 된다.
그런데 이혼 뒤 엄마는 새로운 일을 해야 할 때가 많다.

그런데 아이들은 새롭게 형성된 낯선 환경에 적응하기가 쉽지 않다.

따라서 이혼이 불가피하다면 자녀들에게 이를 적절하게 미리 설명해야 한다. 이혼을 하면 어떤 영향이 있는지를 조목조목 짚어주고 대화를 나눠야 한다. 그리고 이혼을 해도 최선을 다해 양육을 하겠다는 다짐을 해줘 자녀가 안심을 할 수 있도록 해야 한다.

재혼

재혼을 하게 되면 아이들은 자신에게 어떤 영향을 미칠지 가장 걱정한다는 게 전문가들의 설명이다. 아이들은 재혼을 하면 내 성은 어떻게 될지, 어떤 방에서 자야 하는지를 먼저 고민한다는 얘기다. 따라서 부모들은 재혼 전에 아이들에게 환경 변화를 잘 설명해 줘 안심시켜야 한다. 또 재혼을 하게 되면 대부분 경제적으로는 이전보다 좀 더 나아지는 경우가 많다. 아이들에게 이런 점을 강조해 이점이 많다는 것을 가르쳐 줘도 좋다.

부모의 실직

가정에서 부모의 실직은 가장 큰 사태다. 따라서 이럴 땐 자녀들에게도 이를 알리고 협조를 구하는 게 바람직하

다. 실직이든 임시 해고 등 마찬가지다. 가족 회의를 열어
도 좋다. 실직이 위기 상황이라는 점도 강조해야 한다. 온
가족이 힘을 합쳐 이 위기를 극복해야 한다고 말해야 한
다.

실직이 자녀들의 삶에 어떤 변화를 몰고 올지를 토론하
면 좋다. 집을 잃고 길거리로 나가야 하는지, 다니던 학원
을 그만 둬야 하는지 이야기를 나눠야 한다. 아이들은 예
기치 않은 사태를 막연히 두려워하게 내버려 두어서는 안
된다. 정확하고 적절하게 설명해 줘 쓸데없는 불안감을
없애 줘야 한다.

또 부모로서 이런 때는 자녀들이 어떻게 처신해 줬으면
좋겠다는 얘기도 허심탄회하게 말해 줘야 한다. 아이들이
용돈을 줄여서 가족 생활비로 썼으면 좋겠다는 말도 할
수 있어야 한다. 어떤 때는 용돈을 벌기 위해 다른 집 아
이도 돌보고, 가게에서 아르바이트도 해야 할지 모른다고
말해 줘도 된다.

이런 저런 얘기를 아이들과 하다 보면 뜻밖의 아이디어
도 튀어나올 수 있다. 아이들은 창조적인 생각을 많이 하
기 때문이다. 내 친구 남편은 크리스마스 직전 한 달간 직
장을 잃었다. 이 때 그 집 아이들은 크리스마스 파티를 대
비해 그간 모아 둔 돈을 모두 가족의 생활비로 내놨다고

한다. 또 선물권이라는 것을 부모에게 내놨다고 한다.

'일요일 아침 식사를 아이들이 침대까지 배달해 주는 선물권'

'부모가 지정하면 열 시간 동안 아이들은 침묵을 지켜야 하는 선물권'

'무료로 20시간 동안 아이 돌보는 선물권'

부모가 실직했을 때 아이들의 머리에서 이런 독창적인 아이디어가 많이 쏟아져 나올 수도 있다. 내 친구는 지금도 크리스마스가 가까워지면 아이들에게 그 때 받은 선물을 올해도 받을 수 없느냐고 너스레를 떤다고 한다.

전근, 전직

전근이나 전직은 보통 좋은 일이 많다. 승진이나 더 좋은 직장으로 옮겨가는 것이기 때문이다. 그런데 아이들은 친한 친구나 좋아하는 선생님과 헤어져야 한다는 슬픔이 생기게 마련이다. 이럴 때 부모는 자녀에게 전근이나 전직으로 우리 집이 더 좋아진다는 점을 강조해 설명해 주면 좋다. 아빠가 월급을 더 많이 받아 경제적으로 풍요롭게 되고, 더 넓은 집에서 살 수 있다고 말한다. 한마디로 얻는 것이 있으면 일정 부분은 포기하고 잃는 것이 있다는 점을 설명해 주면 좋다. 경제학에서는 이를 '기회 비용' 이라고 한다.

당신도 부모의 재정 상태를 파악해라

미국에서 '샌드위치 세대' 라는 말이 있다. 아이들과 부모를 동시에 돌봐야 하는 상황에 낀 중년 부부를 말한다. 아이들이 어린 데 병든 부모가 있을 때는 양쪽을 다 챙겨야 하는 책임이 따른다.

나는 아이들이 당신의 재정 상태를 알고 있어야 한다고 말했다. 여기서는 당신도 당신의 부모 재정 상태를 알고 있어야 한다는 점을 강조하고 싶다.

아이들과 마찬가지로 당신의 부모와도 이런 문제를 놓고 허심탄회하게 이야기를 많이 해야 한다.

병든 부모들은 보통 사후의 걱정을 많이 한다. 따라서 부모에게 많은 것을 물어 봐야 한다.

"아버지(어머니)가 돌아가시면 어떻게 해드렸으면 좋겠습니까?"

"돌아가시면 혼자 남은 아버지(어머니)는 어떻게 돌봐드렸으면 좋겠습니까?"

부모의 소망을 들어주다 보면 당신의 가계에도 경제적

으로 많은 영향을 미칠 수 있다. 따라서 아이들이 당신의 재정 상태를 알아야 하듯이 당신도 당신의 부모 재정 상태를 알아두고 적절히 대처해야 한다. 부모의 유언장이나 권리증, 소득신고서, 자동차 등록증 등 각종 서류가 어디에 있는지를 알아 둬야 한다.

또 부모와 사전에 상의해야 하는 것 가운데 중요한 것은 부모의 병이 깊어 독립 생활이 어려울 때다. 그렇게 되면 어떻게 해드렸으면 좋겠는가를 물어야 한다. 집을 팔고 노인 요양원에 가길 원하는지, 가까운 친척 집에 함께 있기를 원하는지를 알아둬야 한다. 어떤 부모는 장례식이나 묘의 형태까지 구체적으로 말하는 분이 있다. 그러므로 일이 닥치기 전에 부모와 충분한 대화를 나눠야 한다.

10

다 큰 자녀가
독립하지 못한 채
같이 살 때

문제는 이렇게 다 큰 자녀와 부모가 함께 살다보면 필연적으로
갈등이 생기게 마련이다. 그렇다고 함께 잘 지내며 살 수 있는
방법이 없는 것은 아니다. 그런데 가장 중요한 사실은 이 집은
당신 공간이라는 사실을 잊어서는 안 된다. 당신이 규칙을 먼저
정할 수 있는 권한이 있다는 얘기다. 따라서 다 큰 자녀들이나
되돌아온 자녀와 함께 살 게 되면 우선 거주 계약을 맺어야 한다.
변호사까지 동원할 필요는 없다. 부모와 자녀 간 서로 진지하게
이야기 한 뒤 문서로 작성하면 된다.

다 큰 자녀가
독립하지 못한 채 같이 살 때

요즘 '빈집증후군(Empty Nest Syndrome)'으로 시달리는 사람이 많이 사라졌다는 뉴스가 종종 나온다. 빈집증후군이란 자녀들이 성장해 다 떠나고 나이 든 부모들만 외롭게 살아 겪는 허탈감을 말한다. 분명 21세기에 나타난 반가운 뉴스임에는 틀림없다.

그러나 속내를 들여다보면 경제적인 어려움 때문에 이 같은 현상이 나타났다는 것에 입맛이 씁쓸하다. 최근 통계 조사국에 따르면 두 가지 눈길을 끄는 사실이 있다.

첫번째는 자녀들이 성장했음에도 불구하고 부모 곁을 떠나지 못하는 숫자가 과거보다 더 늘었다. 18~24세의 나이 대에서 남성 56%, 여성 43%가 경제적으로 독립하지 못한 채 부모와 함께 사는 것으로 나타났다.

두 번째는 사회적으로 문제가 되고 있는 '부머랭 세대(the Boomerang Generation)'의 출현이다. 독립해서 나갔다가 사회에 적응하지 못하고 다시 부모 곁으로 돌아오는 사람들을 말한다. 놀랍게도 대학을 졸업한 사람들이 이런 부머랭 세대가 압도적으로 많다. 미국의 대학 졸업생 중 부머랭 세대에 속하는 사람들이 65%나 된다.

이제는 이런 사람들을 주변에서 흔히 볼 수 있다. 내 옛 동료 한 사람도 여섯 명이나 되는 가족을 이끌고 자신의 늙은 부모 집으로 들어갔다. 실직한 뒤 일 년 넘게 새로운 직장을 잡을 수 없기 때문이라고 한다.

이럴 때 들어가는 사람이나 받아들이는 사람이나 모두 상처를 입게 마련이다. 아무리 다 커서 독립한 자식이라 할지라도 일시적으로 실패했을 때 부모로서 어떻게 할 도리가 없다. 구호 시설에 들어가게 놔둬야 하나 내 집으로 오라고 해야 하나? 선택은 분명하다. 내 집으로 들어오게 허락할 수밖에 없다.

문제는 이렇게 다 큰 자녀와 부모가 함께 살다보면 필연적으로 갈등이 생기게 마련이다. 그렇다고 함께 잘 지내며 살 수 있는 방법이 없는 것은 아니다. 그런데 가장 중요한 사실은 이 집은 당신 공간이라는 사실을 잊어서는 안 된다. 당신이 규칙을 먼저 정할 수 있는 권한이 있다는 얘기다. 따라서 다 큰 자녀들이나 되돌아온 자녀와 함께 살게 되면 우선 거주 계약을 맺어야 한다. 변호사까지 동원할 필요는 없다. 부모와 자녀 간 서로 진지하게 이야기한 뒤 문서로 작성하면 된다.

왜 거주 계약서를 써야 하나

거주 계약서는 부모와 성인 자녀 간 향후 발생할 수도 있는 갈등이나 마찰을 방지하기 위해 사전에 서로 합의해 놓은 문서다. 결혼 전 동거 계약서와 다를 바 없다.

자녀가 고등 학교나 대학을 졸업한 뒤에도 부모와 함께 살게 된다면 이 거주 계약서를 쓸 필요가 있다. 이것은 자녀를 성인으로 인정한다는 의미도 있다. 따라서 일정한 범위 안에서 자유가 주워지지만 책임도 함께 따른다는 얘기를 충분히 해줘야 한다. 밤 열한 시까지는 반드시 귀가해야 하는 통금 시간을 풀어 줘야 할 것이다. 대신 자신의 속옷을 더 이상 안 빨아 준다는 내용을 거주 계약서에 쓰면 좋다.

거주 계약서는 다 큰 자녀의 환상을 깰 수도 있다. 부모의 집이 편안하고 무료로 세탁과 청소 서비스를 받을 수 있다는 생각을 없애 줘야 한다. 당신의 자녀는 의외로 환영할 수도 있다. 생활비를 공동으로 똑같이 낼 수는 없지만 대신 노동으로 의무를 다할 수 있다는 자신감을 심어 줄 수도 있다.

거주 계약서에 넣어야 할 것들

거주 계약서는 부모와 성장한 자녀 간 합의 사항이기 때문에 정답은 없다. 자녀가 부모의 집에 얼마 동안 머물지, 비용은 얼마나 낼 건지 등 가족 상황에 따라 다르기 때문이다.

거주 계약서는 언제 맺는 게 좋을까?

자녀가 고등 학교나 대학교를 졸업하고 취직을 했지만 함께 살기를 원할 때 거주 계약서를 작성해야 한다. 또 독립해서 나갔다가 다시 부모의 집으로 돌아오겠다고 할 때 반드시 거주 계약서를 받아내야 한다. 자녀가 동거를 기정사실화 한 뒤 이를 쓰려면 쉽지가 않다. 오랜 생활 습관을 하루 아침에 바꾸기란 쉽지 않기 때문이다.

이 대목에서 잊지 말아야 할 것이 있다. 당신은 집주인

질문	예	아니오
1. 자녀에게 방세를 받아야 할까?		
2. 방세로 얼마를 받아야 하나?		
3. 집세 보증금을 받아야 하나?		
4. 계약 기간을 표시해야 하나?		
5. 전기와 수도세, 전화 요금은 어떻게 분담할까?	전기세: 전체의　% 수도세: 전체의　% 전화세: 전체의　%	
6. 허드렛일을 어떻게 나눌 건가? 　집 안 : 쓰레기 치우기, 방청소 등 　집 밖 : 낙엽과 눈 치우기, 페인트칠하기 등		
7. 당신의 자동차를 쓸 수 있게 해야 하나? 　(예라고 대답한다면 기름값과 보험료는 누가 얼마나 낼까?)		
8. 자녀의 차가 있다면 어디에다 주차시킬 것인가? 차고, 마당, 도로, 기타		
9. 애완 동물을 허락할 것인가, 말 것인가?		
10. 자녀를 찾아온 손님이 하룻밤을 자도 괜찮나?		
11. 냉장고에 있는 먹을거리를 함께 먹어도 되나?		

이고 자녀는 임차인이라는 사실이다. 따라서 당신이나 당신의 배우자는 집주인이 임차인에게 요구하는 것과 같이 다 큰 자녀에게 요구해도 괜찮다. 부모가 집주인으로서 자녀와 함께 거주 계약서를 쓸 때 고려해야 할 사항 열두 가지를 왼쪽 질문을 통해 확인해 보자.

이것은 시험 문제가 아니다. 따라서 옳은 답도 틀린 답도 없다. 위에 언급한 것은 아주 기본적인 내용이다. 자녀와 함께 더 의논해 추가적으로 넣을 것이 있는지를 얘기해야 한다. 예를 들어 집 안에서 담배를 피워도 되는지 여부나, 전화를 받아서 메시지를 어떻게 전해 줄 것인지를 논의할 수도 있다. 이런 것을 모두 거주 계약서에 포함시켜야 한다. 어떤 때는 자녀가 부모의 차를 닦아 주는 대신 자기 차를 차고에 넣을 수 있도록 해달라는 협상도 할지 모른다. 이런 훈련은 자녀가 기숙사에 들어가 룸메이트와 생활할 때도 유용하다. 함께 생활할 동료와 이같은 내용을 토론 한 뒤 결정해 계약서를 써 두면 좋다.

그 밖에 고려해야 할 것들

거주 계약서에 나가는 일자를 못박아 두는 것도 좋다. 3주 뒤인지, 3개월 뒤인지, 아니면 3년 뒤 인지를 표시해라.

또 거주 계약을 어겼을 때 파기하는 절차를 표시해 둔다. 알콜 중독이나 마약 복용 때는 내쫓겠다는 서약을 받는다. 성적인 문제를 일으키면 '무관용' 원칙을 적용하겠다는 점을 써 놔도 좋다. 경미한 사건일 때 몇 번을 용서해 주고, 몇 번째 내쫓겠다는 내용도 넣어도 된다.

다 큰 자녀가 경제적 파산 뒤 부모의 집으로 들어와 살 때가 있다. 이럴 땐 자녀가 신용을 회복할 수 있도록 부모가 도와 줘야 한다. 하지만 절대로 자녀의 빚을 한꺼번에 다 갚아 주는 일을 해서는 안 된다. 일부의 빚을 갚아 주고 행동의 변화를 유도할 수는 있다. 이 때도 어렸을 때 하던 방식과 같이 예산을 짜서 실천하는지를 점검해야 한다. 낭비벽을 없애도록 다양한 방법을 동원해야 한다. 다시 한 번 강조하지만 덜컹 자녀들의 빚을 갚아 줘서는 절대로 안 된다. 옛말처럼 자녀에게 고기를 주지 말고 잡는 법을 가르쳐 줘야 한다.

더 중요한 것이 있다. 당신의 노후 자금을 전부 자녀들을 위해 써서는 안 된다. 자녀가 아무리 경제적으로 어렵더라도 내가 감당할 수 있는 범위 안에서 도와 줘야 한다.

절대로 이 선을 넘어서는 안 된다. 자녀를 위해 내 노후자금까지 전부 희생해서는 안 된다. 당신의 아이들은 자신의 경제적 실패를 다시 복귀할 충분한 시간이 있다는 점을 기억해라.

나는 주변에서 독립했던 자식과 며느리, 손자가 돌아와 함께 살다가 부모가 스트레스를 받아 건강이 나빠진 사례를 많이 봤다. 또 다 큰 아들 셋이 들어와 사는 바람에 이를 견디지 못하고 노부부가 새로 허름한 집을 얻어 나간 집도 알고 있다. 하지만 이런 경우는 극단적인 사례다. 대부분은 직장을 잃거나 신용 불량자가 돼 갈 곳이 없어 부모의 집을 찾는 경우가 많다. 이혼을 하고 집으로 돌아올 수도 있다. 부모로서 이들에게 잠시 쉼터를 제공하면 된다. 이들이 다시 사회에 나가서 일할 수 있도록 도와주는 역할을 하면 아주 바람직하다.

맺음말

다양한 방법을 계속 동원하라

마지막으로 우리는 돈을 쓰고 싶을 때가 있다. 그럴 땐 단호하게 '안 돼!' 라고 소리지를 수 있는 자제력을 키워야 한다. 슈퍼마켓에 들어갔을 때 불필요한 물건을 사고 싶을 때 자제할 수 있는 능력을 키울 때까지 스스로 노력해야 한다. 아이들에게도 이런 자제력을 키워 주도록 평소에 교육을 시켜야 한다. 자제력으로 돈 관리를 건실하게 하면 어떤 금전적인 돌발 사태가 터진다 해도 잘 극복할 수 있을 것이다.

다양한 방법을 계속 동원해라

돈 관리법은 당신과 당신의 자녀가 평생 동안 배워야 한다. 일생 동안 돈이 당신과 당신의 자녀를 따라다니기 때문이다. 당신이 가르치려는 아이가 유아든 10대든 끈기 있게 지속적으로 해야 한다. 한두 번 강조한다고 아이들이 이를 잘 배우리라고 생각한다면 큰 착각이다.

수많은 금융 관련 지식을 일상 생활에서 끊임없이 가르치고 배워야 한다. 그래야 당신이나 아이들의 금융 지식이 향상된다. 돈 관리는 일시적인 취미가 아니라 생활의 일부로 몸에 배게 해야 된다. 특히 돈 관리법은 즐겁게 가르치고 즐겁게 배우는 게 중요하다.

부모의 행동은 자녀의 돈 관리법에 많은 영향을 미친

다. 당신의 자녀가 돈에 대한 두려움이 있는가, 아니면 자신감 있게 맞서려고 하는가? 많은 부분은 아이들의 선생님이자 역할 모델인 부모에게 달려 있다. 한마디로 자녀가 '돈맹'이 되고 안 되고는 당신에게 달려 있다는 얘기다. 아이들에게 돈 관리법을 가르칠 때는 당신이 생활하면서 실패했던 경험을 많이 들려 주면 좋다. 그런 경험을 많이 이야기해 주면 아이들은 더 쉽게 이해한다.

많은 사람들은 돈에 쪼들려 본 경험이 있다. 예를 들면 예상치 못한 질병으로 병원에 갔을 때 돈이 없어 곤란에 빠질 때가 있다. 또 세기에 한 번 오는 태풍 피해로 당신이 잘 짜 놓은 예산이 엉망이 되기도 한다. 그러나 당신과 자녀들이 이 책에 있는 대로 기본기를 잘 익혀 두면 예상치 못한 금전적 곤경을 잘 극복할 수 있을 것이다.

이 책은 아이들에게 언제 어떻게 돈 관리를 시작해야 할지를 제시했을 뿐이다.

마지막으로 우리는 돈을 쓰고 싶을 때가 있다. 그럴 땐 단호하게 '안 돼!'라고 소리지를 수 있는 자제력을 키워야 한다. 슈퍼마켓에 들어갔을 때 불필요한 물건을 사고 싶을 때 자제할 수 있는 능력을 키울 때까지 스스로 노력해야 한다. 아이들에게도 이런 자제력을 키워 주도록 평소에 교육을 시켜야 한다. 자제력으로 돈 관리를 건실하

게 하면 어떤 금전적인 돌발 사태가 터진다 해도 잘 극복
할 수 있을 것이다.

"당신의 진짜 목표는 자립입니다!"

19세기 위대한 사상가인 헨리 데이비스 소로는 200년
전 이렇게 외쳤다. 이 철학은 지금도 미국인의 사고 방식
에 깊숙이 파고들었다. 당시 소로는 자립을 자신이 먹는
것은 자신이 키운다는 개념이 있었다. 하지만 나는 돈을
잘 관리하고 키우는 능력을 자립이라고 말하고 싶다. 돈
은 쓸 때 뿐만이 아니라 키울 때도 즐거움이 있다.

우리 아이가 꼭 알아야 할
경제 용어

ATM : 현금 인출기. 은행 창구 직원 없이 돈을 입금과 출금할 수 있는 자동 기계

계좌 : 보통 예금 계좌를 말한다. 자기 이름으로 은행 등 금융 기관에서 입금과 출금이 가능한 약정(통장)

공급 : 어떤 물건 등을 팔려는 사람들의 총량

금리 : 돈을 빌리거나 빌려 줄 때 주고받는 이자. 이율 이라고도 한다.

담보 : 돈을 빌릴 때 갚지 못할 것을 우려해 집, 땅 등을 서류상 제공하는 것

디플레이션(디플레) : 물건 가격이 내리는 현상

모기지 : 부동산을 담보로 돈을 빌리는 것. 주택 담보

대출이라고 한다.

부채 : 빚을 말한다. 돈을 빌렸을 때 갚겠다고 약속한
돈

상속 : 부모가 사망해 그 재산을 물려 받는 것

소득 : 사람들이 일을 하고 받는 돈

소비 : 사람들이 돈을 쓰는 것

수수료 : 은행 등 금융 기관에서 고객이 돈 거래를 할
때 일정한 액수(비율)를 수고비로 떼 가는 것을 말한다.

수요 : 어떤 물건 등이 필요하다며 구입하려는 사람들
의 총량

신용 대출 : 장차 꼭 갚겠다는 계약서만 보고 돈을 빌려
주는 것

신용 카드 : 신용만으로 물건을 살 수 있는 카드. 은행
이 돈을 먼저 갚아 주고 나중에 쓴 사람에게 청구해 받는
다. 플라스틱 머니라고도 한다.

연금 : 나이가 들어 은퇴한 뒤 받을 수 있는 돈. 일할 때
미래를 위해 조금씩 돈을 내야 나중에 받는다.

인플레이션(인플레) : 물건 가격이 오르는 현상

주식 : 기업의 소유권을 표시한 증서

주주 : 주식을 가지고 있는 사람

중앙 은행 : 나라 경제가 잘 돌아가도록 은행의 활동을

감시하고 돈을 조절하는 기관. 은행 중의 은행이다. 한국에서는 한국 은행, 미국에서는 연방 준비 제도(FRB)라고 한다.

채무 불이행 : 돈을 꾼 뒤 갚지 못하는 것

통화 : 물건을 사고 팔 때 주고받는 돈을 말한다.

투자 : 앞으로 올라갈 것을 기대하고 주식이나 채권, 부동산 등을 사는 것. 단순히 돈을 모아 이자를 받는 저축과 구별된다.

할부 : 물건을 사고 한꺼번에 다 내지 않고 한 달에 한 번씩 나눠서 내는 것

환율 : 우리 나라 돈을 다른 나로 돈으로 바꿀 때 표시하는 교환 비율

저축과 소비를 균형 있게 하는
합리적인 아이로 키우기

역자는 20년 넘게 경제 기자를 하고 있지만 그에 앞서 두 아들을 둔 부모다. 이 책을 번역하면서 먼저 개인적으로 많은 반성을 했다. 나도 아이들에게 경제 교육을 시킨다고 했지만 정작 중요한 '돈을 관리하는 법'은 제대로 가르치지 않았다는 생각 때문이다.

이 책의 저자 닐 S. 갓프리는 여성 금융 전문가로서 바로 돈 관리를 가장 중요하게 다뤘다. 아이들에게 용돈을 주고 저축만 하라고 다그치면 안 된다고 주장했다. 올바르게 돈을 쓰는 법을 똑같이 가르쳐야 한다는 것이다. 우리 자녀가 저축형 인간이든 소비형 인간이든 중요한 것이 아니라고 했다. 저축과 소비를 균형 있게 할 줄 아는 합리적인 아이로 키우는 것이 더 중요하다는 논리다.

그래서 저자는 아이들이 용돈을 잘 관리하는 법을 강조했다. 용돈을 몇 살 때부터 줄 것인가, 어떻게 저축하도록 가르칠 것인가, 얼마나 쓰게 할 것인가를 고민하고 연구한 흔적이 곳곳에서 드러낸다. 저자는 금융 전문가 입장에서 주장만 한 것이 아니다. 자기 아이를 키우면서 실제로 적용해 봤던 다양한 용돈 관리법을 독자에게 공개했다. 그는 아이들이 저축하는 법, 은행을 알기, 주식 투자하기, 생활 속 금융 교육법 등 부모로서 알아야 할 내용을 꼼꼼히 썼다. 어떤 때는 아이들의 심리적인 상황까지 고려해 부모로서 대처하는 법까지 친절하게 설명했다. 하지만 저자는 미국 가정과 경제 환경을 중심으로 썼다. 따라서 역자는 가능하면 이를 한국의 가정과 경제 환경으로 바꿔서 번역해야 했다.

"저자가 한국 사람이었다면 어떻게 썼을까?"

이런 관점에서 역자는 우리 환경에 안 맞는 구절은 과감히 빼기도 했다. 예를 들어 미국 가정에서 많이 쓰는 은행 체크(수표장)를 개설하는 법과 쓰는 법 등은 다루지 않았다. 또 의미가 크게 변하지 않는 범위 내에서 최대한 우리 환경에 맞게 번역했다. 가능하면 달러 표시를 원화로 바꿔서 번역하기도 했다. 앞뒤 단락을 바꾸고 떼고, 붙이기도 했다. 번역 상 저자의 의도에 맞지 않는 부분이 있고 오류가 있다면 이는 전적으로 역자의 책임이다.

나는 몇 년 전 『어린이 경제원론』(명진출판)을 편집자 안영훈 씨와 함께 낸 인연이 있다. 그가 새로운 곳에 자리를 잡으면서 서양 시각의 어린이 경제원론을 한번 번역해 보자는 제안을 해와 흔쾌히 받아들였다. 모든 면에서 항상 고맙게 생각한다.

인생의 동반자로서 언제나 정신적인 힘을 불어 넣어주는 아내 강백향과 자랑스런 두 아들 환훈, 환일에게도 고마움을 전한다.

2009년 6월

김시래

앞선 부모가 키워 주는 **우리 아이 부자 습관**

초판1쇄 발행 2009년 6월 25일
초판1쇄 인쇄 2009년 6월 30일

지은이 닐 S. 갓프리
옮긴이 김시래
펴낸이 이봉신

펴낸곳 꿈틀
출판등록 2005년 3월 25일 제 313-2005-000053호
주소 (121-816) 서울시 마포구 동교동 156-2 마젤란21 오피스텔 1813호
전화 02) 323-3380
팩스 02) 323-3380
e-mail yhoon5@hanmail.net

ⓒ닐 S. 갓프리, 김시래 2009
ISBN 978-89-93709-01-8   13370